汽车发动机故障诊断手册

QICHE FADONGJI GUZHANG ZHENDUAN SHOUCE

谢伟钢 主编

化学工业出版社
·北京·

内 容 简 介

本书编写思路新颖,主导思想是让读者通过对发动机结构和原理知识的掌握,学会分析故障产生的原因,掌握正确的故障诊断思路,最终具有面对"扑朔迷离""杂乱无序"的故障,能够得心应手地解决的能力。

全书内容共7章,分别是发动机故障诊断思路、发动机故障诊断基础、发动机压缩压力不足故障分析、混合气浓度失调故障分析、电控系统故障分析、润滑系统和冷却系统故障分析、发动机综合故障诊断和排除。

书中内容理论与案例结合紧密。每章开始以导读形式提出本章的主要任务和目标。每节下面都有丰富的案例,并配有翔实的案例解读。

本书适合汽车维修技术人员阅读,也可以作为职业院校汽车专业的教学参考书使用。

图书在版编目(CIP)数据

汽车发动机故障诊断手册/谢伟钢主编.—北京:化学工业出版社,2021.10
ISBN 978-7-122-39802-4

Ⅰ.①汽… Ⅱ.①谢… Ⅲ.①汽车-发动机-故障诊断-手册 Ⅳ.①U472.43-62

中国版本图书馆 CIP 数据核字(2021)第 172260 号

责任编辑:周 红 　　　　　　　　　　　文字编辑:陈小滔　张　宇
责任校对:杜杏然 　　　　　　　　　　　装帧设计:王晓宇

出版发行:化学工业出版社(北京市东城区青年湖南街13号　邮政编码100011)
印　　装:大厂聚鑫印刷有限责任公司
787mm×1092mm　1/16　印张12　字数285千字　2022年1月北京第1版第1次印刷

购书咨询:010-64518888　　　　　　　　　售后服务:010-64518899
网　　址:http://www.cip.com.cn
凡购买本书,如有缺损质量问题,本社销售中心负责调换。

定　　价:88.00元　　　　　　　　　　　　　　　　　　　　　版权所有　违者必究

前言

"汽车好开，故障难排"，汽车发动机的故障有时排除起来很简单，甚至仅仅凭目视就能确定故障点。但发动机也有很多故障"扑朔迷离"，让维修技师"伤透脑筋"，只有反复推敲才能找到故障原因，顺利排除故障。

笔者从事汽车维修和教学工作二十余年，深深地体会到汽车发动机维修的不容易。发动机繁多的系统，复杂的构造，狭小的维修空间，稀奇古怪的故障现象，无不考验着汽修人的耐心和技术。为了帮助汽修人更好地排除发动机故障，笔者尝试让学习者在学习汽车结构和原理的同时就引入故障的分析，并通过各类汽车发动机故障的经典案例逐步培养维修思路。掌握正确的步骤和方法后，面对发动机的"疑难杂症"，才能得心应手。

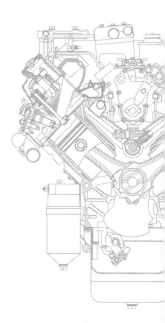

本书编写思路新颖，主导思想是让读者通过对发动机结构和原理知识的掌握，学会分析故障产生的原因，掌握正确的故障诊断思路，最终具有面对"扑朔迷离""杂乱无序"的故障，能够得心应手地解决的能力。书中前面章节先介绍了故障诊断思路和故障诊断基础，后面根据发动机常见故障的类型分章讲解了具体的分析方法和思路，理论与案例结合紧密，易于读者理解和掌握。

结合本书的编排特点，对读者提出以下几点建议。

1. 如果已掌握了汽车发动机的基本结构和工作原理，可以根据目录，先学习自己有疑惑的章节，或者自己熟悉的章节。对于初学者，如果遇到读不懂的案例，不要纠结，可以放在读完全书后再进行学习。

2. 要顺利地排除故障，一定要懂得故障是如何形成的。读者在阅读本书的时候要多留意发动机结构和系统是如何引起的故障。排除故障，不是简单地依靠经验的积累，而是要根据原理学会分析。只有这样，维修者的"功夫"才会越来越好。

3. 要练好检查元件的基本功。例如，检查导线阻值不能超过 1Ω，超过了 1Ω 就是故障；检查电压降不能超过 $0.3V$，超过了就不正常。

本书在编写过程中，参考了大量的资料，在此对广大同仁致以敬意。

由于本人水平有限，疏漏之处在所难免，欢迎批评指正。

编者

目录

第 1 章 发动机故障诊断思路　　001

1.1 发动机故障诊断的流程是什么？　　002
1.1.1 故障诊断的含义　　002
1.1.2 故障问诊的内容　　003

1.2 怎样从发动机工作原理着手排除故障？　　004
1.2.1 从发动机的基本原理着手排除故障　　004
1.2.2 从发动机的基本结构着手排除故障　　007
1.2.3 从发动机电控子系统工作原理着手排除故障　　011

1.3 怎样从发动机基础检查着手排除故障？　　012
1.3.1 基础检查的内容　　012
1.3.2 基础检查的注意事项　　013

1.4 怎样从发动机工作"三要素"着手排除故障？　　015
1.4.1 发动机工作"三要素"的含义　　015
1.4.2 运用发动机工作"三要素"来排除故障　　016

第 2 章 发动机故障诊断基础　　018

2.1 拆装发动机要注意哪些事项？　　019
2.2 如何使用发动机机械量具？　　022
2.3 如何检测发动机电路中的配电元件？　　025
2.4 怎样查阅维修资料？　　031
2.4.1 认识维修手册　　031
2.4.2 熟悉维修手册的特点　　032
2.4.3 查阅维修手册的步骤　　032

2.5 怎样根据故障代码排除故障？　　035
2.5.1 故障码说明和故障诊断信息　　035
2.5.2 故障诊断仪典型数据　　036
2.5.3 电路/系统说明　　036
2.5.4 运行和设置故障代码的条件　　037
2.5.5 参考信息　　037
2.5.6 电路/系统检验和测试　　037

2.6 怎么阅读电路图手册？　　040

第 3 章 发动机压缩压力不足故障分析　　046

3.1 什么是发动机的压缩压力？　　047
3.1.1 气缸压缩压力形成的原因　　047

  3.1.2 检查气缸压缩压力的方法 047
  3.1.3 气缸压缩压力过高的故障原因 048
  3.1.4 气缸压缩压力过低的故障原因 050
  3.1.5 分析气缸压缩压力过低需要注意的问题 050
3.2 机体组为什么会影响压缩压力？ 051
  3.2.1 气缸盖影响压缩压力的原因及检修 051
  3.2.2 气缸垫影响压缩压力的原因及检修 054
  3.2.3 气缸体影响压缩压力的原因及检修 056
3.3 其他部件影响压缩压力的原因 058
  3.3.1 活塞连杆组影响压缩压力的原因 058
  3.3.2 曲轴飞轮组影响压缩压力的原因 061
  3.3.3 气门传动组影响压缩压力的原因 062
  3.3.4 气门组影响压缩压力的原因 067

第 4 章
混合气浓度失调故障分析 070

4.1 混合气过浓或过稀有什么故障现象？ 071
  4.1.1 混合气过浓的故障现象 071
  4.1.2 混合气过稀的故障现象 072
4.2 进气系统为什么会影响混合气浓度？ 072
  4.2.1 进气系统引起混合气过浓的原因 073
  4.2.2 进气系统引起混合气过稀的原因 074
4.3 排气系统为什么会影响混合气浓度？ 076
  4.3.1 排气系统漏气对混合气浓度的影响 077
  4.3.2 排气系统堵塞对混合气浓度的影响 077
4.4 燃油供给系统怎么引起混合气过稀？ 079
  4.4.1 测试燃油压力的方法 079
  4.4.2 燃油滤清器引起混合气过稀的原因 081
  4.4.3 燃油压力调节器引起混合气过稀的原因 082
  4.4.4 燃油箱盖引起混合气过稀的原因 083
4.5 传感器为什么会影响混合气浓度？ 084
  4.5.1 空气流量传感器影响混合气浓度的原因 084
  4.5.2 进气歧管绝对压力传感器影响混合气浓度的原因 086
  4.5.3 温度类传感器影响混合气浓度的原因 088
  4.5.4 氧传感器影响混合气浓度的原因 089
  4.5.5 燃油压力传感器影响混合气浓度的原因 091
4.6 执行器为什么会影响混合气浓度？ 093
  4.6.1 电动燃油泵影响混合气浓度的原因 093
  4.6.2 喷油器影响混合气浓度的原因 096

4.6.3　燃油压力调节器影响混合气浓度的原因　　099

第 5 章
电控系统故障分析　　101

5.1　如何分析点火系统的故障？　　102
　　5.1.1　点火系统引起熄火的故障分析　　102
　　5.1.2　点火系统引起单缸失火的故障分析　　106
　　5.1.3　点火系统引起爆震的故障分析　　111

5.2　如何分析可变气门正时控制系统的故障？　　113
　　5.2.1　检查可变气门正时控制系统前要检查配气相位的原因　　113
　　5.2.2　检查可变气门正时控制系统前要检查机油的原因　　114
　　5.2.3　可变气门正时控制系统会引起动力不足的原因　　116

5.3　如何分析电子节气门控制系统的故障？　　118
　　5.3.1　检查加速踏板位置传感器的方法　　119
　　5.3.2　检查节气门位置传感器的方法　　120
　　5.3.3　检查节气门电机的方法　　122

5.4　如何分析进气增压控制系统的故障？　　124
　　5.4.1　可变进气歧管长度控制系统的工作原理　　124
　　5.4.2　废气涡轮增压控制系统的工作原理　　126
　　5.4.3　废气涡轮增压控制系统的故障诊断　　128

5.5　如何分析燃油蒸气回收系统的故障？　　130
　　5.5.1　燃油蒸气回收系统的作用　　130
　　5.5.2　检查燃油蒸气回收系统的方法　　131

5.6　如何分析电控冷却系统和润滑系统的故障？　　133
　　5.6.1　电控冷却系统的故障分析　　133
　　5.6.2　电控润滑系统的故障分析　　135

5.7　电控单元损坏会引起什么故障？　　137
　　5.7.1　电控单元 ECU 电源电路引起的故障　　137
　　5.7.2　电控单元 ECU 有故障码的故障　　140
　　5.7.3　电控单元不能通信的故障　　140
　　5.7.4　电控单元 ECU 不能控制执行器的故障　　142

第 6 章
润滑系统和冷却系统故障分析　　146

6.1　如何分析机油压力过低的故障？　　147
　　6.1.1　机油压力的检测　　147
　　6.1.2　机油影响机油压力的原因　　147

　　　　6.1.3　机油泵影响机油压力的原因　　　　　　　　　　　149
　　　　6.1.4　机油滤清器影响机油压力的原因　　　　　　　　152
　　　　6.1.5　机油道影响机油压力的原因（液压挺柱、VVT 阀）
　　　　　　　　　　　　　　　　　　　　　　　　　　　　152
　6.2　如何分析曲轴箱通风装置的故障？　　　　　　　　　　154
　　　　6.2.1　曲轴箱通风系统引起混合气过稀的故障诊断　　155
　　　　6.2.2　曲轴箱通风系统引起其他故障的诊断　　　　　156
　6.3　如何分析发动机水温异常的故障？　　　　　　　　　　157
　　　　6.3.1　冷却液泵引起高温的原因　　　　　　　　　　　159
　　　　6.3.2　节温器引起高温的原因　　　　　　　　　　　　160
　　　　6.3.3　散热器引起高温的原因　　　　　　　　　　　　161
　　　　6.3.4　冷却风扇导致高温的原因　　　　　　　　　　　163

第 7 章
发动机综合故障诊断和排除　　166

　7.1　发动机为什么产生启动故障？　　　　　　　　　　　　167
　　　　7.1.1　发动机启动困难的故障分析　　　　　　　　　　167
　　　　7.1.2　发动机启动不了的故障分析　　　　　　　　　　168
　7.2　发动机为什么怠速不稳？　　　　　　　　　　　　　　169
　　　　7.2.1　怠速过高的故障分析　　　　　　　　　　　　　169
　　　　7.2.2　怠速过低的故障分析　　　　　　　　　　　　　174
　7.3　发动机为什么加速不良？　　　　　　　　　　　　　　175
　　　　7.3.1　发动机加速迟缓的故障分析　　　　　　　　　　175
　　　　7.3.2　发动机加速出现抖动的故障分析　　　　　　　　177
　7.4　发动机故障是怎么形成的？　　　　　　　　　　　　　178
　　　　7.4.1　发动机机械部分故障机理　　　　　　　　　　　178
　　　　7.4.2　发动机润滑系统和冷却系统故障机理　　　　　179
　　　　7.4.3　发动机电控部分故障机理　　　　　　　　　　　180
　　　　7.4.4　发动机故障诊断方法　　　　　　　　　　　　　181

参考文献　　183

第 1 章

发动机故障诊断思路

导 读

发动机故障涉及机械、液压、气压、电路等原因,有时错综复杂,有时又模棱两可。因此,要较好地提高发动机故障排除能力,需要从学习发动机故障诊断思路和故障排除基础着手,逐步提高排除发动机故障的能力。

1.1 发动机故障诊断的流程是什么?

1.1.1 故障诊断的含义

汽车故障诊断是在不解体或仅拆卸个别小部件的条件下,为查明故障部位、原因进行的检测、分析与判断。现在故障诊断中常使用故障诊断仪通过读故障码、读数据流等方法进行诊断,如图1-1所示。

汽车发动机会产生各种各样的故障,从故障排除的角度讲,有的故障很容易排查出故障原因,有的故障则诊断起来很困难。例如,发动机油底壳漏油的故障,通常是密封垫片出现老化或油底壳与气缸体接触的平面出现变形等原因所致,这样的故障极容易排除。再例如,某发动机在高速时容易熄火,

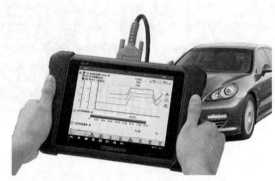

图1-1 汽车故障诊断仪

诊断起来就困难得多,这类较难诊断及排除的故障通常称之为疑难故障。

发动机故障诊断的流程一般包括:
① 针对故障进行问诊;
② 对发动机做基本检查;
③ 分析故障常见的原因;
④ 针对故障可能的原因,按故障出现的概率或其他逻辑确定测试顺序,测试确认故障点;
⑤ 排除故障后验证等。

排除简单故障可以简化故障诊断的流程,维修技师只需要根据一些经验,即可以排除故障。而对于疑难故障,维修技师必须根据故障诊断的流程,否则排除故障可能会是盲人摸象,找不到故障的根本原因或造成返修率极高。

一辆科鲁兹车发动机气门室盖周围有明显的漏油痕迹。在更换气门室盖垫过程中,意外发现喷油器插头内也有机油,怀疑机油压力传感器漏油,机油通过线束到达喷油器插头。更换机油压力传感器后,故障排除。

案例解读

排除故障时,不能"头痛医头,脚痛医脚",多收集故障现象能够更准确地排除故障。上述故障中,如果没有"意外"发现,故障不会那么顺利地排除。上述故障排除前,仔细检

查应该有"机油量不足或消耗大""气门室盖周围有油渍""机油压力传感器周围有油渍"等情况,收集全以上信息就不难排除故障。

1.1.2 故障问诊的内容

汽车发动机发生疑难故障时,需要向顾客询问故障的具体情况,通常包括以下方面的信息。

(1) 故障产生的时间

维修技师可以根据故障产生的时间,判断故障产生的影响或直接推断故障的原因。例如,某车出现动力不足,通过问诊,发现故障出现在一次大雨之后,怀疑雨水进入发动机中,由于雨水不可以压缩,所以造成了连杆弯曲,如图 1-2 所示。再例如,某发动机于两个月前出现疑似"曲轴轴承异响"的故障。维修技师根据故障的影响,推断曲轴轴承会出现异常磨损或金属脱落,需要拆解后进一步检查。查看机油发现机油中有金属粉末,拆检后发现曲轴轴承出现严重的磨损。

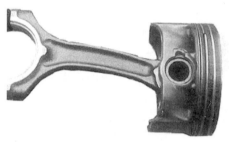

图 1-2 弯曲的连杆

维修案例

一辆丰田 RAV4 经常无规律地熄火,故障码显示 P0607——控制单元功能异常,P0335——曲轴位置传感器电路故障。推断原因可能是曲轴位置传感器信号异常,问诊得知熄火现象多出现在夜间行车时。根据这个情况,检查发现该车在发动机控制单元旁边加装了氙气灯高压组件,估计它对曲轴位置传感器进行了干扰,将高压组件拆除,故障排除。

案例解读

"问诊"把故障现象从"无规律熄火"改动到"熄火现象多出现在夜间行车时"。这也是本次故障排除的切入点,由此可以看出"问诊"是非常重要的,也非常需要问"重点"。

(2) 车辆及发动机所处的状态

故障发生时,车辆及发动机处于什么状态,具体包括车辆所处的路况、气候和气温,车辆的行驶速度,车辆行驶里程,车辆处于直行行驶还是转向状态,发动机的转速,发动机冷却液的温度,发动机润滑油的状态,仪表内发动机故障指示灯(如图 1-3 所示)是否点亮,等等。

(3) 故障的特征

故障的特征具体包括:故障发生之前是否有相关的征兆,例如,有的发动机熄火前转速会慢慢下降,

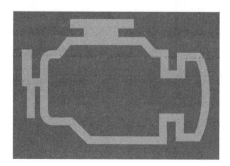

图 1-3 发动机故障指示灯

维修技师可以根据这种现象分析故障可能出在燃油供给系统；故障发生的频次，即是经常发生还是偶发；故障的变化，例如有的发动机偶然熄火，但一天内熄火的次数越来越多。

（4）维修保养相关情况

维修保养相关情况具体包括：故障发生前后维修过哪些元件，是否加装过设备，是否正常保养，故障与燃油品质是否相关，车辆驾驶是否粗暴等。

在问诊以后需要试车，以便验证问诊的内容与真实情况是否一致，是否还有更多的故障现象。

一辆丰田普拉多自动熄火，故障码显示低压燃油系统压力过低；气缸列 1 混合气太稀；燃油导轨/系统压力。读动态数据流，低压燃油压力为 420kPa，高压燃油压力为 23.3MPa，燃油泵占空比为 25%。运行十几秒后，低压燃油压力逐渐下降到 0MPa，高压燃油压力也逐渐下降，燃油控制占空比为 50.02%。检查燃油泵 ECU＋B 的电压，每次点火开关至 IG 位置时，该＋B 的电压都会有 10s 左右的供电，然后又下降到 0V（正常为 12V 左右）。检查发现车辆有防盗暗锁，拆除此暗锁后故障排除。

 案例解读

上例故障中，暗锁控制供油，通过断油让车辆不能运行。随着车辆上加装产品的日益丰富，维修技师以后遇到加装元件的故障定然不会少见。上例故障排除过程并不是那么顺利，如果能问诊详细，了解车辆第一次发生故障前的具体情况，那么排除起来就会更有针对性。

1.2 怎样从发动机工作原理着手排除故障?

排除发动机故障时，维修技师是根据发动机故障现象，推断故障的原因。维修技师必须掌握发动机工作原理才能进行推断，否则无法进行推断。

1.2.1 从发动机的基本原理着手排除故障

发动机是把燃油和空气的混合气燃烧的热能转化为机械能。现在的发动机主要是四冲程发动机，每个工作循环是由进气冲程、压缩冲程、做功冲程和排气冲程组成。四冲程发动机分为四冲程汽油机和四冲程柴油机，两者的主要区别是点火方式不同。汽油机是火花塞点火，而柴油机是压燃。

（1）进气冲程及其引起的故障

发动机工作时，首先是曲轴在起动机或其他外力作用下驱动活塞开始进气冲程。如

图 1-4 所示，发动机进气冲程工作时，排气门关闭，进气门打开，活塞在曲轴的驱动下，从最高位置（上止点）往最低位置（下止点）运动，把空气和燃油混合气从打开的进气门吸入到气缸内，缸内直喷发动机进气冲程吸入气缸的是纯空气。

发动机进气冲程最主要的功用就是吸入足量的混合气或纯空气，如果吸入量达不到要求就会产生故障。发动机进气冲程故障包括两个方面：吸入的混合气浓度达不到要求，例如喷油器喷入了足量的燃油，但是进气管道积炭严重，吸附了部分燃油，这样进气冲程进入气缸的混合气浓度达不到要求，发动机会难以启动；吸入的混合气量达不到要求，例如活塞环漏气等原因使活塞下行产生的真空不足，空气滤芯失效等原因导致进气管发生不同程度的堵塞，进气门打开过早过晚等等。

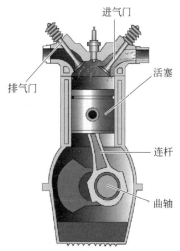

图 1-4 进气冲程

维修案例

一辆大众帕萨特 1.8T 发动机出现加速偶尔无反应。连接燃油表，检查故障出现时燃油压力正常，无故障代码，检查增压压力的理论值和实际值，两个数据在任何时候都相近。故障出现时，踩下加速踏板，加速踏板位置传感器角度增大，节气门角度没有变化。检查节气门电机及节气门位置传感器电路，没有断路或短路现象。推断故障可能是发动机控制单元进入了某种保护模式，检查制动开关、制动灯开关、离合器踏板开关，发现离合器开关损坏，将其更换后故障排除。

案例解读

发动机加速不良和加速无反应故障不同。加速无反应说明进气没有变化，如果进气产生了变化，燃油不足，混合气会过稀，发动机会出现回火、发喘等现象。

（2）压缩冲程及其引起的故障

当直列发动机活塞运行到最低位置，进气行程结束后，开始第二阶段工作——压缩冲程。如图 1-5 所示，压缩冲程工作时进气门和排气门都关闭，活塞从最下面向上运动，对吸入气缸内的空气和燃油混合气进行压缩。

发动机压缩冲程最主要的功用就是将吸入的混合气压缩，其故障包括以下方面：吸入的混合气浓度或量达不到要求，肯定影响到压缩的程度；气缸在压缩时漏气，压缩时将混合气压到气缸外，例如漏气到曲轴箱、气缸垫外面或漏入进排气管；起动机等的故障造成活塞上行速度慢，最终压缩压力达不到标准。

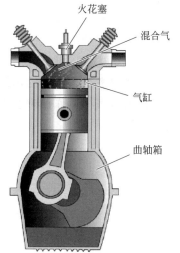

图 1-5 压缩冲程

维修案例

一辆新宝来汽车的发动机出现启动不了的故障。发动机有启动迹象，无故障码，检查气门正时和燃油压力，都正常。检查发现火花塞电极比较湿润。检查发现第二气缸压缩压力只有 6bar❶，压力明显偏低，拆检发现第二缸活塞的第二道气环断裂。活塞气环断裂会使大量可燃混合气从气环断裂处窜入曲轴箱里，通过曲轴箱通风系统进入节气门后方，从而导致进气压力传感器判断进气量大，进而导致喷油量过多，火花塞淹死，发动机无法启动。更换第二缸活塞环后，故障排除。

术语解读

汽油发动机"启动迹象"是发动机由起动机带动或其他方式带动时，出现快要启动但未能启动的现象，此时如果让起动机停止工作，发动机会停止运转。通常满足以下条件，才会出现"启动迹象"。①蓄电池有充足的电，可以供给起动机用；②起动机无故障，能带动发动机以正常的转速运转；③发动机全部气缸或多数气缸压缩压力正常，发动机运转起来有"顿挫感"，不会出现匀速的无阻力运转；④喷油器控制电路基本正常，喷油器能完成喷油指令，油路有压力，燃油或多或少能进入气缸；⑤点火系统基本正常，火花塞能完成点火指令。

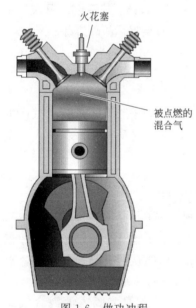

图1-6 做功冲程

(3) 做功冲程及其引起的故障

当活塞运行到最高位置时，压缩冲程结束，发动机将开始第三阶段工作——做功冲程。做功冲程工作时进、排气门完全关闭，如图1-6所示，火花塞产生火花点燃被压缩的空气和燃油混合气，混合气燃烧产生的推力推动活塞下行，带动曲轴旋转。

发动机做功冲程最主要的功用就是点燃混合气，推动曲轴旋转，其故障包括以下方面。压缩冲程时混合气没有达到相应的压力，火焰传播速度慢，造成功率不足；火花塞等故障使点火能量不足；燃油质量不达标、混合气浓度不符合、空气质量不佳等原因造成燃料燃烧后产生的热能不足；点火过早、过晚等原因，使混合气"爆炸点"发生得过早或过晚，损失了混合气燃烧的热能。

(4) 排气冲程及其引起的故障

活塞在燃烧的混合气推力作用下，运行到气缸的最低位置，做功冲程结束，发动机开始第四阶段工作——排气冲程。如图1-7所示，排气冲程工作时排气门打开，进气门关闭，活塞由旋转的曲轴驱动上

---

❶ 1bar＝0.1MPa

行，推动燃烧后产生的废气从排气门排出气缸外。

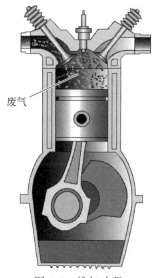

图1-7 排气冲程　　　　　　　图1-8 发动机废气

活塞运行到气缸的最上面，排气行程结束，之后活塞继续往下移动，此时进气门打开，排气门关闭，发动机又开始了新一轮的四冲程工作。发动机排出的尾气就是汽车年审时需要检测的尾气，如图1-8所示，发动机大多故障都会致使废气超标。

发动机排气冲程最主要的功用就是将燃烧的废气排出气缸，其故障包括以下方面。排气积炭或排气打开过晚等原因，造成废气排出的时间少或通道过小，使废气难以排出；排气管道处三元催化器、消声器等损坏，堵塞了排气通道，使排气阻力大，废气难以排出。

 一辆途观汽车急加速时发动机会"嘎嘎"响且提速缓慢。试车发现，缓慢加速发动机无异响，车辆最高速度才100km/h。读取数据流发现混合气浓、进气歧管压力值偏高，怀疑排气堵塞。拆下排气管试车，发动机提速快了很多。该发动机配备两个三元催化器，将两个三元催化器更换后，故障排除。

 案例解读

排气管拆除后，排气未充分冷却，其温度还很高，测试时需要特别注意安全，而且时间不能太久。排气管路堵塞后，排气不充分，进气效率低，所以进气歧管压力值高，发动机加速不良。排气堵塞后气流冲击也大，引起发动机的"嘎嘎"响。排气堵塞还影响氧传感器信号，导致数据流中混合气过浓。

1.2.2　从发动机的基本结构着手排除故障

常用的汽油发动机由两大机构、五大系统组成，如图1-9所示。

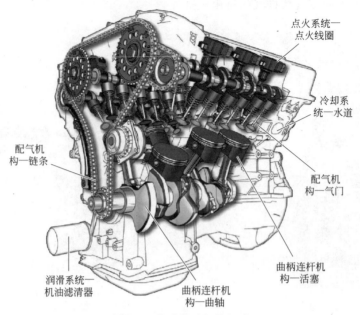

图 1-9 汽油发动机的组成

(1) 发动机的两大机构

两个机构包括曲柄连杆机构和配气机构。曲柄连杆机构主要包括曲轴、活塞等部件，能将活塞的往复运动转变为曲轴的旋转运动，同时将作用于活塞上的力转为曲轴对外输出的转矩，以驱动汽车车轮转动。

配气机构按照发动机工作循环和点火顺序的要求，定时开启和关闭各气缸的进、排气门，使新鲜的可燃混合气或空气得以及时进入气缸，废气得以及时从气缸排出。在压缩与做功行程中，配气机构关闭气门保证燃烧室的密封。

一辆宝马 X3 汽车怠速时车身抖动，未发现故障代码；检查发动机及变速器的机脚（也称为悬置），未检查到损坏或漏油；检查火花塞及点火线圈，未发现故障原因。清理节气门及进气管的积炭，发动机依然抖动。检查气缸压力，喷油器雾化情况，甚至检查油品，未发现故障原因。再次检查发动机机脚，发现机脚里面有泥土，将机脚彻底清理后故障排除。

案例解读

发动机机脚属于发动机曲柄连杆机构机体组的元件，其作用是缓冲发动机的振动，当其出现损坏后，发动机会振动得很明显。理解各个系统的组成和元件的功用，非常有助于相关故障的分析。

(2) 汽油机的五大系统

汽油发动机五大系统包括点火系统、冷却系统、润滑系统、燃油供给系统和启动系统。

点火系统的功用就是按照气缸的工作顺序定时在火花塞两电极间产生足够能量的电火花。在压缩接近上止点时,汽油机可燃混合气是由火花塞点燃的,从而燃烧对外做功。

冷却系统使发动机在所有工况下都保持在适当的温度范围内,通常为 90℃±5℃。

润滑系统的功用就是在发动机工作时连续不断地把数量足够、温度适当的洁净机油输送到全部传动件的摩擦表面,并在摩擦表面之间形成油膜,实现液体摩擦。

汽车停驶时,发动机如果处于静止状态,通常需要驱动发动机曲轴转动,直到发动机能在自身动力作用下继续运转为止。如图 1-10 所示,发动机由静止转入工作状态的全过程,称为发动机的启动。完成发动机启动过程的起动机、飞轮等所需的一系列装置组成发动机启动系统。

汽油机燃油供给系统根据发动机不同工况的要求,配制出一定数量和浓度的可燃混合气供入气缸。并且,燃油供给系统还应将燃烧产物——废气,排入大气中。燃料供给系统很复杂,它包括燃油供给系统、空气供给系统、排气系统、电控系统等。燃油供给系统包括燃油泵、燃油箱、燃油滤清器等,空气供给系统包括进气歧管、空气滤芯等,排气系统包括排气管、消声器等见图 1-11。

图 1-10 启动系统

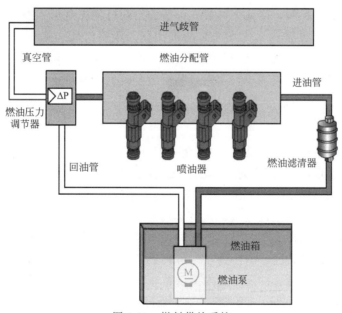

图 1-11 燃料供给系统

(3) 柴油机的结构

柴油发动机结构和汽油发动机类似,如图 1-12 所示。柴油发动机由两大机构和四大系统组成。柴油机的混合气是压燃式,所以它没有点火系统。在压缩行程,柴油机气缸内压力和温度都提高，这为压燃提供了条件。在压缩行程结束前，喷油器将柴油喷入气缸，柴油与空气混合形成可燃混合气并被压缩自燃。柴油发动机燃油供给系统和缸内喷射的汽油发动机类似，都是由高压燃油泵、高压油管、回油管、喷油器等组成。

图1-12　6缸柴油发动机

柴油发动机相比汽油发动机的优点如下：经济性较好，由于柴油比汽油热效率高30%，因此柴油发动机能节省燃料，降低燃料成本；柴油发动机无需点火系统，供油系统也比较简单，所以柴油发动机的可靠性要比汽油发动机的好；压缩比高。其缺点有：柴油工作压力大，要求各有关零件具有较高的结构强度和刚度，所以柴油机比较笨重，体积较大；柴油机工作粗暴，振动、噪声大；柴油不易蒸发，冬季冷车时启动困难。

一辆搭载3.0L柴油发动机的路虎越野车出现启动困难，仪表板显示屏提示"动力受限"，加速无力。检测发动机控制单元，读到2个相关的历史故障码。第一个故障码是P0088——轨压过高，第二个故障码是P0087——轨压过低。推断故障原因为轨压与发动机的运行状态不相符。对低压油路进行检查，检查滤清器存油清澈无明显脏污，燃油没有含水迹象。用油压表分别测量燃油滤清器进、出口的油压，符合要求，且表针指示平稳。将滤清器出口处的燃油装入透明的玻璃杯内，发现燃油内夹杂着非常细小、几近透明的纤维状物体，不仔细观察的话很难发现。清洗燃油高、低压系统管路及部件，故障排除。

案例解读

柴油发动机和汽油发动机的燃油供给系统的工作原理类似，所以其故障也很多类似。燃油中杂质较多会影响压力的调节，所以造成"轨压过高""轨压过低"等故障代码。

1.2.3 从发动机电控子系统工作原理着手排除故障

随着发动机技术的发展，汽车上的电控子系统越来越多。除了电控燃油喷射系统和电控点火系统以外，发动机上还有电子节气门控制系统、巡航控制系统、变排量控制系统、燃油蒸发控制系统、废气涡轮增压控制系统、废气再循环控制系统、可变气门正时控制系统、二次空气供给系统、驱动防滑控制系统、电控冷却系统、车载网络系统、智能启动/停止系统等等。

只有掌握了系统的原理，才能排除系统引起的故障。

一辆行驶里程约 3 万公里的大众宝来轿车，发动机亮故障灯，读取故障代码为 16795——二次空气喷射系统有故障。检查二次空气泵，发现其不工作，检查相关线路，发现二次空气泵供电保险丝（40A）已经熔断。重新安装保险丝，同时用电流感应钳测量二次空气泵正极电流，发现在启动瞬间电流达到 42A(正常工作电流为 22A)，在启动的瞬间将保险丝烧断。这说明二次空气泵内部短路或卡滞，将其更换后故障排除。

案例解读

电流感应钳也称为钳型电流表或钳型表，如图 1-13 所示。电流感应钳的形状像钳子，它的功能跟万用表类似，是汽车机电维修工常用的检测工具之一。电流感应钳不需要断开电路，将其活动钳口夹在电缆上便能测出电流值。

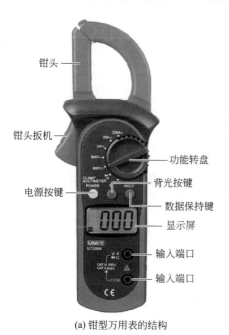

(a) 钳型万用表的结构

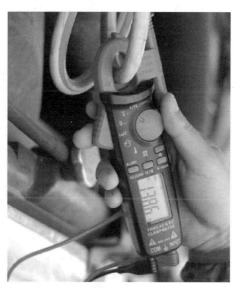

(b) 钳型万用表的使用

图 1-13 钳型万用表

1.3 怎样从发动机基础检查着手排除故障?

1.3.1 基础检查的内容

排除疑难故障时,通过对发动机进行基础检查可以发现故障或根据检查结果帮助分析故障。发动机基础检查项目如下。

① 检查冷却液的液位和冷却液质量,观察冷却液中有无机油。
② 检查机油量和油质,观察油中有没有冷却液,检查发动机外观是否存在漏机油。

一辆大众途观 SUV 发动机怠速时抖动,制动踏板比较沉重。该发动机没有真空泵,制动助力是通过进气管真空作用的。进气管内真空不足,检查进气管路是否存在漏气。进行基础检查,通过检查机油尺发现机油不足,但没有漏机油的情况,说明发动机存在烧机油的情况。检查发现曲轴箱通风阀(也称为废气阀)损坏,从曲轴进入进气管的废气太多,废气夹杂着机油一同进入,造成了发动机烧机油,同时也导致了真空不足,影响了制动助力。更换曲轴箱通风阀,故障排除。

 案例解读

如图 1-14 所示,很多发动机将曲轴箱通风阀和油气分离器做成一体,曲轴箱通风阀可

图 1-14 曲轴箱通风阀

以控制曲轴箱的废气进入进气管的通气量。曲轴箱通风阀和油气分离器的结构将在后文中介绍，此处不赘述。

③ 检查蓄电池电压，蓄电池静态电压应不低于 12V，否则需要补充充电。检查发动机启动时电压，发动机启动后的电压应不低于 10.5V，否则控制单元可能控制不正常。如图 1-15 所示，检查时还需要检查蓄电池桩头是否锈蚀、是否松动。

图 1-15　蓄电池

> **技师提示**
>
> 蓄电池静态电压稍低于12V，或是启动电压稍低于10.5V，发动机大多也能启动，但也可能启动不了，此时启动不稳定。

④ 检查空气滤芯是否堵塞，滤芯的滤纸部分是否变色。
⑤ 检查火花塞的间隙和跳火能力。
⑥ 通过转速表检查怠速是否符合要求。发动机正常温度时怠速通常为 (750 ± 50) r/min，转速基本稳定，因为发动机电控单元有调节功能，转速会有一定的变动，打开空调时怠速会发生变化。
⑦ 读取故障代码，以便根据故障代码的提示排除故障。
⑧ 外观检查，对怀疑部件的外观进行检查。

1.3.2　基础检查的注意事项

① 针对不同的故障，涉及的基础检查也有不同。例如，检查蓄电池亏电或发电机发电量不足的故障，需要检查发电机传动带；检查发动机启动不了的故障，需要检查气缸压缩压

力；检查发动机回火故障，需要检查发动机正时记号是否对齐；检查意外熄火的故障，需要转动曲轴检查其运转阻力（如图 1-16 所示）；等等。

图 1-16　摇转发动机曲轴

维修案例

一辆奔驰 R500 车辆行驶时发动机突然熄火，再次启动时发动机无任何反应。检查发动机机油、防冻液，蓄电池电压，符合要求。举起车辆，检查底盘部件及发动机外观，无漏水、漏油现象。摇转曲轴，发现曲轴不能转动，想拆下火花塞再进行检查，发现 4 缸火花塞头部破碎，拆卸 1-4 缸的气缸盖，发现 4 缸的一个液压挺杆有明显的磨损痕迹，并且下沉，继续拆卸，发现 4 缸一个进气门折断，气门挤压在气缸盖上，4 缸活塞破裂，卡在气缸筒中，缸筒严重拉伤，无法使用。发动机严重损害，只能更换发动机。

案例解读

以上故障应该是如下发展的，液压挺杆损坏→气门间隙较大→液压挺杆磨损→气门间隙大→气门受到很大的冲击→气门折断→活塞破裂、缸筒拉伤、火花塞破裂。如果多次启动起动机，估计起动机也会损坏，所以遇到此类故障，必须做基础检查，转动曲轴看看阻力如何。

② 当检查到某部位或系统不正常时，尽量恢复到正常状态。例如，某发动机常常熄火，检查到发动机冷却液不足，虽然故障现象和检测内容没有一定对应的关系，也应该找到冷却液不足的缘由。

③ 对于高温的发动机，需要等待发动机冷却一段时间后再进行检查，防止膨胀水箱、水管等部件炸裂，防止烫伤。

1.4 怎样从发动机工作"三要素"着手排除故障?

1.4.1 发动机工作"三要素"的含义

汽油发动机要正常的工作,需要工作"三要素"都正常,有的维修人员误以为工作"三要素"是"油、火、缸压",没有正确地认识,导致排除故障时走很多弯路。

对于汽油发动机工作的"三要素",很多维修人员认为"油"仅仅是管路中油压正常,喷油器控制信号正常就符合要求了,以为"火"仅仅是火花塞跳火就行,其实不然。汽油发动机工作"三要素"中的"油"是指在气缸内火花塞点火前有足够量浓度正常的混合气,三要素中的"火"是指火花塞能产生正时和足能的火花。汽油发动机工作"三要素"中的"油"和"火"包括以下要素。

① 混合气的浓度正常,在不同的工况下对混合气浓度的需求不同,例如启动工况,发动机需要极浓的混合气,但过浓和过稀都会影响启动。影响混合气浓度的原因包括进气管路漏气、喷油器堵塞或泄漏、喷油量的信号异常等。

② 混合气的质量正常,燃油中不能含有过多的水分或杂质,空气成分要正常,例如,废气再循环控制系统有故障,使较多的废气进入进气管路及气缸,此时发动机也很难启动。喷油器喷油雾化不佳,喷油器的喷孔堵塞,如图 1-17 所示,也会影响混合气质量。

③ 混合气要足量,如果量不足自然影响启动。影响混合气量的原因较多,包括进气管路堵塞、气缸漏气、排气管路堵塞、气门正时不合适等。

图 1-17 喷油器喷孔堵塞

图 1-18 强烈的火花

④ 火花塞的电火花是足能的,足能包括点火电压及持续时间足够,通常通过点火试验能仔细分辨出来,如图 1-18 所示,正常的火花应该呈现白色或紫色。影响点火能量的原因主要包括火花塞异常、漏汽油或漏机油等引起火花塞跳火。

⑤ 火花塞的电火花是符合工况要求的，即正时的。影响点火正时的原因包括曲轴位置信号、爆震信号等影响点火正时的信号异常。

1.4.2 运用发动机工作"三要素"来排除故障

当发动机的"三要素"其中一项达不到原来的要求时，发动机便会出现故障。反之，发动机出现故障时，也常常可以通过检查其"三要素"来发现故障的原因。

一辆奔驰 S350L 的发动机出现怠速抖动现象，故障码指示 2、3 缸存在断火现象。断火检测发现 2、3 缸工作不好，将 2、3 缸的点火线圈、火花塞与其他缸对调，故障依旧，又对调了喷油器，还是没有找到故障原因。检查气缸压力，气缸内壁，进气管堵塞及漏气情况，三元催化器，氧传感器以及凸轮轴调节电磁阀，未查到故障原因。使用示波器检查 3 缸与 6 缸的点火与喷油波形，发现 3 缸喷油次数少。读取数据流 1、2、3 缸所在的右侧气缸自适应值为 0.71（自适应值应该在 1 左右），此值说明 1、2、3 缸混合气过浓，控制单元把混合气调节到了最稀。继续检查发现 1 缸喷油器漏油，将其更换后，故障排除。

 案例解读

1 缸喷油器漏油造成混合气过浓，氧传感器把过浓的信号传递给控制单元，控制单元减少如图 1-19 所示右侧气缸列的喷油。奔驰 V6 发动机 1、2、3 缸处于同一列，由于混合气过稀造成正常的 2 缸和 3 缸工作不良，但 1 缸由于喷油器漏油，混合气不稀，工作正常。

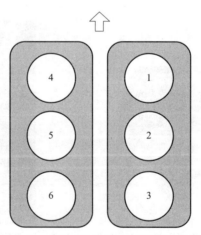

图 1-19　奔驰 V6 发动机气缸排列顺序

发动机"三要素"不仅仅可以解决发动机启动困难类的故障，也可以用来分析怠速抖动、动力不足等故障。

维修案例

一辆马自达6的发动机在热机后出现明显抖动。检查进气管路,未发现有漏气的地方。检查该车发动机的火花塞、点火线圈、燃油压力也未发现异常。使用内窥镜检查燃烧室和气缸,没有发现异常磨损或太多的积炭。检查气门正时,发现进气凸轮轴定位角度不正确,与标准角度相差3°~5°,重新安装后,故障排除。

案例解读

由于冷车时混合气较浓,发动机抖动不明显,而热机时混合气浓度正常,进气提前角滞后了3°~5°,造成进气不足影响了进气量,进气量不足则进入气缸的混合气不足,因而发动机抖动。

第 2 章

发动机故障诊断基础

导 读

在维修发动机过程中，常会走一些弯路，其中一部分是诊断思路不佳，还有一大部分是对发动机不规范地拆装和检修造成的，准确地拆装和检修又离不开查阅维修资料。对发动机电路的检测，汽车电路图是必备的好工具。

2.1 拆装发动机要注意哪些事项?

发动机维修过程中少不了对发动机整体或局部进行拆装,拆装过程需要注意以下的事项。

(1) 拆前检查

在拆卸零部件之前,检查所拆零部件密封处是否存在油渍、水渍及漏气现象,如果有这些痕迹,则判明存在泄漏。如图 2-1 所示油渍为漏油痕迹,在拆卸前、拆卸过程中、拆卸后需要留意,一定要查明原因。

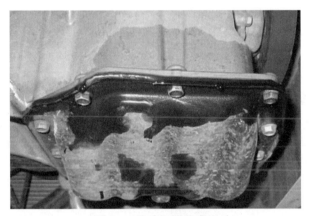

图 2-1 发动机漏油痕迹

(2) 选用好工具

经常性整理工具,熟悉工具的摆放位置,工具摆放整齐。使用工具时轻拿轻放,注意爱护工具。使用前后注意清洁工具,在清洁工具的过程中需要检查工具是否出现损坏,例如开口扳手出现开口扩大,榔头出现卷边等。使用中注意从工具车上拿下工具使用后,及时放回工具车,做到工具不落地。

拆卸和安装螺栓和螺母时,优先选择套筒,再选择扳手。通常螺栓或螺母需要拧紧到规定力矩,拧紧时需要使用扭力扳手。拆装螺栓过程中,要防止螺栓松动或断裂而引起操作人员受伤。在拆装过程中,尽量采用拉动扳手的用力方式,而不采用推动扳手的用力方式。拆松螺栓前,尽量佩戴手套保护手指免受碰撞伤害。

维修时常使用预置式扭力扳手。这种扭力扳手在达到预设扭力值时,会发出"咔嗒"的声音。其结构和读数方法如图 2-2 所示,读取扭力数值时先读整数部分,再读扭力小数读值,两者相加为扭力值。

① 使用预置式扭力扳手时,不能用力过度,不能敲击预置式扭力扳手或使用加长杆。

② 扭力扳手不能作为一般棘轮扳手使用,使用时紧握住手柄中部,均匀使力,严禁施加冲击力,听到"咔嗒"的声响后立即停止施力,以保证其精度,延长使用寿命。

③ 不使用预置式扭力扳手时,应将扭力设为最小值。

图 2-2 预置式扭力扳手

 维修案例

一辆丰田凯美瑞汽车发动机怠速抖动，加速时有短暂停顿，转速上升不流畅。检查无故障代码，读取发动机数据流，负载为 29%（正常为 27% 左右），MAF（空气流量计）数值在 2.3g/s（正常车辆为 1.9g/s 左右）上下变化，进气温度也达到 59℃。检查火花塞状态时，发现所有火花塞都没有安装到规定力矩，拆下的火花塞点火电极偏黑。将火花塞拧紧到规定力矩，车辆恢复正常。

案例解读

由于火花塞拧紧力矩不够，因此火花塞点火能量不足，如图 2-3 所示，导致可燃混合气燃烧不充分，所以也熏黑了火花塞。拧紧火花塞时，需要规范操作，拧紧力矩过大，容易损伤火花塞或气缸盖，拧紧力矩过小会造成漏气。

(3) 实行"三不落地"

汽车维修车间通常实行"三不落地"规定。"三不落地"规定是指使用工具、量具不落地；拆下来的零件不落地；油水污物不落地。拆卸涉及机油、冷却液时，例如拆气门室盖、冷却水管等，将类似图 2-4 所示的机油盘放置在发动机油底壳下面，避免污物造成地面或其他元件脏污，甚至造成人员滑倒受伤。

(4) 螺栓的拆检方法

为了使螺栓均匀受力，减少零件变形并使零件间配合紧密，拆卸螺栓的时候要对每个螺栓均匀用力，按顺时针或者对角的方向拆卸。拆卸机体组时螺栓或螺母应该放置在专用的螺栓盒内，以免丢失或混淆。

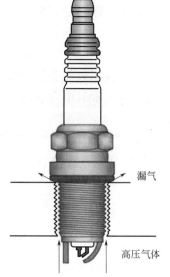

图 2-3 火花塞漏气

图 2-4　机油盘

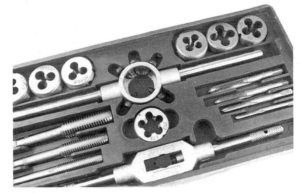

图 2-5　丝锥和板牙工具

检查螺栓、螺母、螺纹孔等是否损坏。目测螺栓是否存在弯曲、圆角等损坏。检查各螺栓、螺母及螺纹孔的丝牙是否损坏，通常螺栓、螺纹孔螺纹损坏不多于 2 牙，否则需要进行修复或更换，螺栓和螺纹孔螺纹损伤可以用如图 2-5 所示丝锥和板牙工具维修。

(5) 元件拆卸注意事项

① 拆卸类似图 2-6 所示的塑料进气歧管等容易变形或损坏的零部件，不能使用铁锤敲击，以防止损坏。需要敲击时，可以采用橡胶锤。

图 2-6　塑料进气歧管

图 2-7　气缸盖平面

② 如图 2-7 所示的气缸盖和气缸体的接触平面需要密封高压，拆装和检修过程中注意不能损坏。例如，拆卸时，不能使用螺丝刀翘起气缸盖，清理气缸盖、气缸体残余气缸垫时，不能使用锋利的刮刀，以防止螺丝刀、刮刀等刃口对气缸盖平面造成损坏。

③ 需要涂抹密封胶时，不能涂抹过厚，防止过多的密封胶干固后被挤到发动机内，进而堵塞油道。

④ 拆下的旧件、垫片、油封等必须保留好，用于对比新件等是否符合要求。拆卸的零件必须摆放整齐，以免检修时遗漏。

2.2 如何使用发动机机械量具?

在检修发动机过程中,常用的机械量具包括塞尺、游标卡尺、千分尺、百分表等。要想得出准确的测量结果,必须掌握其使用方法。

(1) 塞尺的使用方法

塞尺又称厚薄规,主要用来检验两个结合面之间的间隙大小。如图 2-8 所示,塞尺是由许多层厚薄不一且带有标记的薄钢片组成,测量时,根据结合面间隙的大小,用一片或数片重叠在一起塞进间隙内。塞尺和对口尺可以一起测量气缸盖、气缸体的平面度,可以用来测量火花塞的间隙。使用塞尺测量时不能用力太大,以免其遭受弯曲和折断,不能测量温度较高的工件。用完塞尺后,应该清洁塞尺,然后在塞尺上涂抹机油,以防止塞尺锈蚀。

图 2-8　塞尺

(2) 游标卡尺的使用方法

游标卡尺是一种常用的量具,如图 2-9 所示,主要有机械式和电子式两种。游标卡尺具有结构简单、使用方便、精度中等和测量的尺寸范围大等特点,可以用它来测量零件的外径、内径、长度、宽度、厚度、深度和孔距等,应用范围很广。使用游标卡尺要轻拿轻放,不得碰撞或跌落地下。

机械式游标卡尺读数结果可以保留小数后两位,很多游标卡尺的精度为 0.02mm。读数时,将锁紧螺钉锁紧,视线应与尺面垂直。方法如图 2-10 所示,先读游标尺身 0 刻度前尺身上的读数,图中是 31mm,再观察游标上与尺身上的刻线对齐的刻线,图中是 "4" 后面第 1 个刻度线对齐,游标上每个刻度通常是代表 0.02mm,即游标读数为 0.42mm,将两次的读数相加,即为 31.42mm。

(3) 千分尺的使用方法

发动机维修过程中,常用千分尺来测量气门直径、活塞销直径,搭配量缸表测量气缸的直径,等等。

外径千分尺常简称为千分尺,它是比游标卡尺更精密的长度测量仪器,常见千分尺结构如图 2-11 所示,也有机械式和电子式两种。千分尺只限于测量精密元件,使用千分尺时先要检查其零位是否校准,使用时要轻拿轻放,要注意保护。

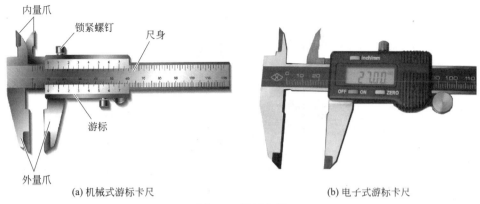

(a) 机械式游标卡尺　　　　　　　　(b) 电子式游标卡尺

图 2-9　游标卡尺

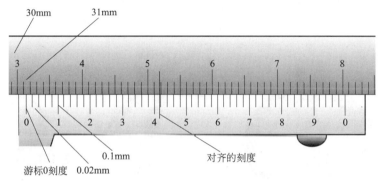

图 2-10　游标卡尺读数方法

图 2-11　千分尺

大多千分尺的读数精度为 0.001mm，其读数方法如图 2-12 所示，需要注意千分尺读数通常需要保留 3 位小数。

① 读出微分筒左端固定套筒上露出的刻线尺寸，一定要注意不能遗漏应读出的 0.5mm 的刻线值，图中为 5mm+0.5mm，即为 5.5mm。

② 读出微分筒上的尺寸刻度线，将格数乘 0.01mm 即得微分筒上的尺寸，图中为 0.19mm。

③ 如果没有对齐基准线，再估算一位，图中为 0.005mm。

④ 将上面 3 个数相加为 5.195mm，即为千分尺上测得尺寸。

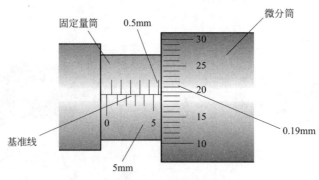

图 2-12 千分尺的读数

(4) 百分表的使用方法

如图 2-13 所示,百分表主要由活动表盘、测量杆、转数指示盘等组成。改变百分表测头形状并配以相应的支架,可制成百分表的变形品种,如厚度百分表、深度百分表和内径百分表等。如用杠杆代替齿条可制成杠杆百分表和杠杆千分表,其示值范围较小,但灵敏度较高。

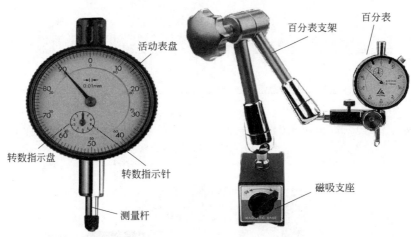

图 2-13 百分表

百分表是可将测杆的直线位移变为指针的角位移的计量器具,它主要用于测量制件的尺寸和形状、位置误差等。使用前要检查百分表的测量杆移动是否灵活,指针是否跳动,回位是否正常。

① 百分表在使用时,要把百分表装夹在专用表架或其他牢靠的支架上,不能出现松动的情况,防止摔坏百分表。百分表在表架上能在上、下、前、后位置任意调节,百分表的触头应垂直于被检测的工件表面。

② 用百分表校正或测量工件时,应当使测量杆有一定的初始测量压力,在测头与工件表面接触时,使测量杆预压缩 1~3mm,观察小指针所指的位置,再转动表盘,使长指针对准该表面上的"0",即可进行测量。

③ 将测量杆端的触头抵住被测量面,使被测机件按要求移动或转动,从百分表表盘上观察机件的间隙或偏差。

④ 先读小指针转过的刻度线(即毫米整数),再读大指针转过的刻度线(即小数部分),并乘以 0.01,然后两者相加,即得到所测量的数值。

2.3 如何检测发动机电路中的配电元件?

(1) 保险丝的检查

保险丝也叫熔断器,它串联在其保护的电路中起保护作用。为了便于检查,保险丝上有两个检查点,如图 2-14 所示,保险丝都有额定电流,禁止使用大于或小于额定电流的保险丝,否则将失去保护作用。

检查保险丝时,需要使该电路处于导通状态。检查时,用万用表 20V 电压挡,先后测量两个检测点的对地电压,红表笔触及检查点,黑表笔触及蓄电池负极或搭铁。

① 若两检测点电压都为 0V,说明保险丝与电源之间的电路开路,电路中可能有多个保险丝,前面的保险丝可能已经熔断,也可能是线束插接器松动。

② 若一个检查点的电压为 12V 左右,一个为 0V,说明保险丝断开。12V 这端是输入端,0V 这端为输出端。

③ 若都为 12V 左右,说明保险丝是好的。

图 2-14 保险丝

图 2-15 保险丝座

在不便使电路导通时,可拆下保险丝,目测保险丝的金属丝是否断开,也可以检查保险丝阻值,标准阻值小于 1Ω。

需要注意:此时不能认为电路是正常,因为万用表测量时,如图 2-15 所示的保险丝座插口可能出现松动、锈蚀等,造成保险丝虚接,最好用带负载的试灯测试。

一辆搭载 N52 发动机的宝马无法启动,起动机运转正常,但没有任何着车的迹象。检测发动机控制单元,发现有与燃油泵控制单元无通信的故障提示。测量燃油泵控制单元的保险丝 F184,发现两端都没有电压,拔下保险丝,发现保险丝插孔内很松旷,将其修复,故障排除。

案例解读

上述案例中保险丝"两端都没有电压",说明进入保险丝的输入端接触松旷,输出端是松旷或不松旷都有可能。如果是输入端有电压,输出端松旷,这会导致在保险丝测量点测试时,两端都有电压,此时需要目测是否松旷,或测试保险丝输出端相连的导线,发现无电压再推断此位置有故障。

(2) 继电器的检查

四脚继电器工作原理如图 2-16 所示,30 号引脚连接不受点火开关等控制的电源,87 号引脚连接负载设备,86 号引脚连接电源,85 号引脚连接搭铁。常见继电器是利用电磁原理实现的,它能自动接通或切断一对或多对触点,其作用在于用小电流控制大电流,减小控制开关触点的电流负荷。

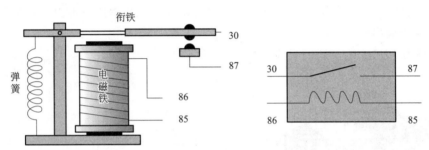

图 2-16 继电器结构和原理示意图

常见的常开四脚继电器的引脚如图 2-17 所示,87 号引脚和另三个引脚不同,87 号引脚对边是 30 号引脚,两边分别是 86 号和 85 号引脚,如图 2-17 所示。检查继电器时先检查继电器 86 号和 85 号引脚之间阻值,大多数继电器的电阻为 50~150Ω,电阻不应为 0 或无穷大,否则说明电阻短路或断路。检查继电器 30 号和 87 号引脚之间的电阻应为无穷大。

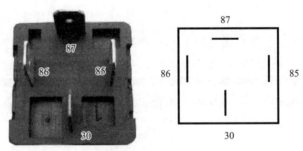

图 2-17 继电器引脚

在继电器 86 号和 85 号引脚之间施加 12V 电压,检查继电器 30 号和 87 号引脚之间电阻应小于 1Ω。继电器内引脚焊点松脱,会引起继电器所控制电路出现间歇性故障,因此针对间歇性故障检查继电器时,需要边测量边晃动继电器引脚或使用换件法检查。检查继电器时也可以使用专用的检测仪器，检测仪器上通常有指示灯用来指示继电器的好坏。

检查完继电器后，通常还需要检查保险丝盒上的继电器座，如图 2-18 所示。查看继电器引脚插口是否锈蚀或变形，如有则需要维修或更换。

图 2-18　继电器座

 技师提示

检查继电器时，不能仅仅用触摸感觉其振动或听其振动声音的方法来辨别其好坏。继电器有振动仅仅表示继电器的线圈部分有通电和开关部分有闭合，但是继电器开关有烧蚀或接触不好就检查不出来。

 维修案例

一辆雷克萨斯 IS250 行驶时偶尔加速无力，偶尔启动后加速会慢慢熄火，读码为 P0087 油轨/系统压力太低，读取定格数据怠速约为 450r/min，水温正常 83℃，节气门开度 17.6%正常，燃油压力为 0（没有燃油压力），目标燃油压力正常 4MPa。没有燃油压力，检查没有发现漏油现象。连接燃油压力表，启动发动机燃油压力从 400kPa 降至 80kPa。打算测量燃油泵的电路，打开燃油泵上盖后发现车主加装了远程遥控断油器。检查发现断油器继电器内部触点烧蚀，造成燃油泵线路电阻值过大，导致燃油泵无法正常工作，将其拆除后，故障排除。

 案例解读

上述案例中继电器内部触点烧蚀了对燃油泵影响很大，例如燃油泵电阻为 1Ω，那么以蓄电池电压 12V 为例，其通过的电流为 12A，如果触点轻微烧蚀形成了 5Ω 的电阻，那么燃油泵的电流只有 2A，其泵油能力肯定会下降很多。所以上述案例中车辆加速无力，当继电器开关逐渐烧蚀严重，燃油泵就彻底不泵油。

(3) 导线的检查

发动机电控系统中有很多导线、这些导线连接电源正极、车身搭铁、传感器、执行器、电控单元、保险丝、继电器、开关等元件，当导线有故障时，严重影响电气元件的功能。

① 检查导线颜色。汽车上使用的导线采用了带有颜色及辅助色的绝缘材料，如图 2-19 所示。导线、绝缘护套、引脚等包扎成线束，连接电气部件。检修汽车发动机电路时，需要核对导线颜色和维修手册或电路手册一致，防止电路错接或维修资料与电路不符。

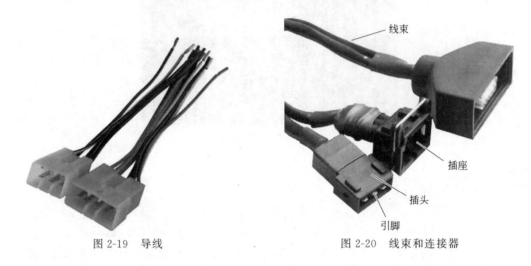

图 2-19 导线　　图 2-20 线束和连接器

② 检查连接器。线束中连接器就是通常所说的插头和插座，如图 2-20 所示，用于线束与线束或导线与导线间的相互连接。通过连接器检查导线时，应小心插入检测仪探针以防止引脚弯曲。检修电路时，需要检查连接器是否连接松动，检查连接器里面的引脚是否变形、松动、锈蚀或缺失。

阳连接器（插头）和阴连接器（插座）引脚排序不同，如图 2-21 所示，阴连接器从左上到右下依次标出编号，阳连接器从右上到左下依次标出编号。

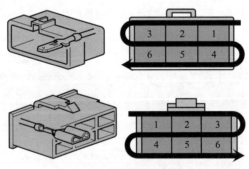

图 2-21 连接器引脚的排序

③ 检查导线是否断路。如图 2-22 所示，如果需要检查传感器 C 插接器的 1 号引脚和电控单元（ECU）A 插接器 1 号引脚之间的导线是否断路，可以测量它们之间的阻值（应该小于 1Ω），如果阻值出现无穷大，或者晃动线束时阻值出现无穷大，说明线路断路，然后逐段测量检查具体断路的位置。

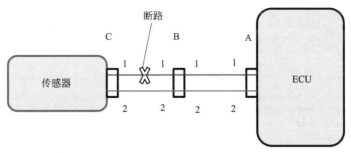

图 2-22　传感器断路处

当传感器和 ECU 距离较远的时候，可以将 ECU 的 A 插接器 1 号引脚和 2 号引脚用导线连接起来，测量传感器 C 插接器的 1 号引脚和 2 号引脚之间的阻值，如果出现无穷大，则需要逐段检查故障位置。

检测传感器电压也可以判断是否存在断路。在各连接器保持连接时，测量连接器 A、B、C 的引脚 1 与搭铁之间的电压，若连接器 A、B 的引脚 1 与搭铁之间为 5V 左右，连接器 C 的引脚 1 与搭铁之间低于 1V，则说明连接器 B 和 C 处有断路。但是当导线接触不良时，通过电压法检查不够准确，所以维修时建议测量电阻。

一辆别克威朗出现自动熄火后启动不了的故障，起动机运行良好，发动机没有启动迹象。使用诊断器读取故障代码，故障码提示进气温度传感器电路、排气凸轮轴电磁阀、进气歧管压力传感器电路等有故障代码。经分析，以上故障代码不影响发动机启动。经检查确实发现进气温度传感器（集成在多功能进气传感器）、进气歧管压力传感器、排气凸轮轴电磁阀坏了。将这三个传感器更换，发动机依然启动不了，但已经没有相关的故障代码。检查火花塞跳火能力，发现不跳火。检查其电路如图 2-23 所示，供电有 12V，搭铁线和蓄电池负极测量点（威朗蓄电池在尾厢，在发动机室有正负检测点）之间的电阻为 128Ω，说明搭铁不良。其搭铁点位于真空泵上方，如图 2-24 所示，清理搭铁线上的白锈，将其固定好，故障排除。

案例解读

在发动机电路维修中常见搭铁不良的故障，由于搭铁不良又存在形成的阻值不同，所以故障现象不同。在测量的时候，不能采用测量电压的方法，因为电路在测量的时候没有形成回路，检查电压无法检查出搭铁点形成阻值的情况。

④ 检查传感器接线是否短路。断开连接器 A 和 C，如图 2-25 所示，检查连接器 A 的引脚 1、2 分别与搭铁之间的阻值，正常值应大于 10kΩ，若小于 1Ω，则为对地短路。进一步断开连接器 B 进行检查，判断故障处于连接器 A 和 B 或连接器 B 和 C 之间。

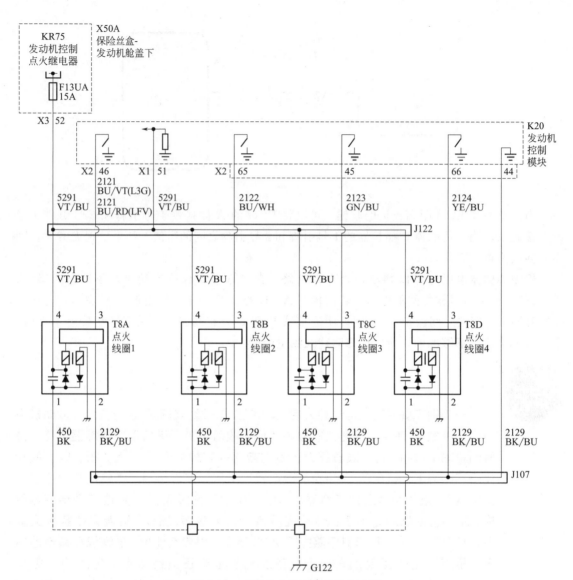

图 2-23 威朗点火线圈组件控制电路

图 2-24 威朗点火线圈组件搭铁线位置

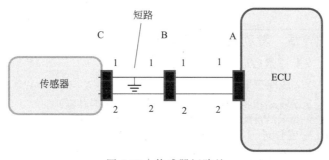

图 2-25 传感器短路处

一辆新君越发动机启动不了，仪表灯故障亮，读取故障代码为 P0651——5V 基准电压 2 回路，P2119——节气门关闭位置性能。检查节气门位置传感器和节气门电机电路，没有断路和短路的情况，直接更换节气门体，故障依旧。节气门位置传感器和电机通常不会影响发动机启动，影响启动的传感器主要是曲轴位置传感器，检查曲轴位置传感器电路时，发现此霍尔式曲轴位置传感器的 3 根线绝缘层破损，互相短路，将其修复后，故障排除。

案例解读

发动机曲轴位置传感器（也提供转速信号）采用的是霍尔式传感器，它需要 ECU（电控单元）提供 5V 电源电压。该线短路也影响 ECU 提供给节气门位置传感器的供电，所以产生节气门位置相关的故障代码。曲轴位置传感器故障，ECU 无法准确判断活塞所处的位置，通常启动不了。

2.4 怎样查阅维修资料？

维修技师经常需要查阅汽车维修手册，例如查询准确的机油容量、紧固螺栓的力矩、元件位置、故障码的排除方法等。上汽通用车系维修手册共有 17 个部分，按照系统功能的不同进行编制。下列以 2016 款威朗维修手册为例，介绍维修手册的认识和查阅方法。

2.4.1 认识维修手册

汽车维修手册是汽车制造企业为汽车产品的销售和售后服务专门编制的一份技术文件。其内容涵盖了整车有关零部件名称、安装位置、安全措施、专用工具、机械修理、电气检修和整车电路图等有关的工艺要求和技术标准，是组织和实施车辆维修和检测的依据。如图 2-26 所示，汽车发动机电控系统的维修资料在维修手册"第9章发动机/推进系统"的"9.3"部分。

```
第9章  发动机/推进系统............9-1
  9.1 12伏启动和充电 ...................9-9
  9.2 巡航控制 ............................9-115
  9.3 发动机控制系统和燃油系统—1.0升(L5Q
      LE1 LWT)、1.1升(LVG)、1.4升(LE2 LEX LV7)
      或1.5升(L3A L3G LFV)......................9-135
  9.4 发动机的加热和冷却 ..................9-523
  9.5 发动机机械系统—1.0升(L5Q LE1 LWT)、1.1
      升(LVG)、1.4升(LE2 LEX LV7)或1.5升(L3A
      L3G LFV)....................................9-613
  9.6 排气 ......................................9-1017
```

图 2-26　发动机维修手册

2.4.2　熟悉维修手册的特点

上汽通用车系维修手册的特点是将机械修理和电气检修整合在一起编制，在每个章节内含有规格、示意图和布线图、诊断信息和程序、维修指南、说明和操作、专用工具和设备等内容。其中还专门安排了一个章节，对车辆的接线系统、电源管理、数据通信等进行解释和说明，如图 2-27 所示。

```
第11章  电源和信号分布 ...........11-1
  11.1 数据通信 ..........................11-5
  11.2 电源插座 .........................11-107
  11.3 接线系统和电源管理 ...............11-119
```

图 2-27　威朗维修手册第 11 章

2.4.3　查阅维修手册的步骤

查阅维修手册时，如图 2-28 所示，先找到相应的章节，再找到相应的位置。例如，查询 L3G 发动机气缸盖紧固螺栓的紧固力矩，首先找到电子或纸质版维修手册目录中的"9.5 发动机机械系统"，然后从"9.5"中找到"9.5.1 规格"，从"9.5.1 规格"中找到"9.5.1.2"，从中可以找到气缸盖紧固螺栓的紧固力矩。例如，第一遍紧固 30Nm，最后一遍紧固 240°，如图 2-29 所示。

再例如，当发动机控制单元无法连接故障诊断仪，维修技师需要查找电控单元供电情况时，可查找维修手册找到电控单元的保险丝所在的位置，方便检测其是否熔断。查找维修手册时，如图 2-30 所示，先找到"9.3 发动机电控系统和燃油系统"，再找到"9.3.2.1"。从"9.3.2.1 发动机控制示意图"中，可以查找到保险丝序号为 X55AF，额定电流为 10A，如

图 2-31 所示。再从维修手册 11 章的 "11.3 接线系统和电源管理" 中的 "11.3.3 部件定位图" 中找到 X55AF 的信息，如图 2-32 所示。

(a) 找到相应的章节

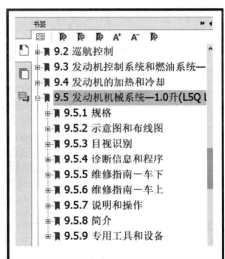

(b) 找到相应的位置

(c) 根据车型找到紧固规格

图 2-28　从威朗维修手册查找气缸盖螺栓紧固力矩

紧固件紧固规格(L3G)		
应用	规格	
	公制	美制
曲轴位置传感器螺栓	10牛米	89英寸磅力
气缸盖螺栓		
第一遍	30牛米	22英尺磅力
最后一遍	240度	

图 2-29　威朗维修手册中气缸盖紧固螺栓紧固规格

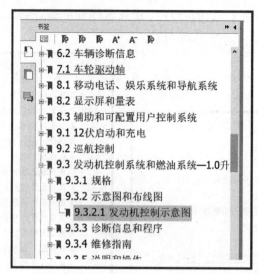

图 2-30 从威朗维修手册查找"发动机控制示意图"目录

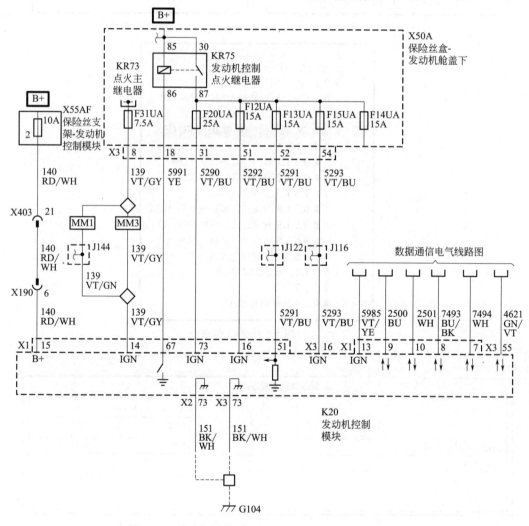

图 2-31 从威朗维修手册查找到的发动机控制示意图

主电气部件列表(续)

代码	名称	选装件	位置	定位图	连接器端视图
T19	电源变压器	—	后备厢前侧,后备厢地板装饰件下方,蓄电池左侧	后备厢前侧部件	• T19电源变压器(MM1) • T19电源变压器(MM3)
T23	收音机天线放大器	—	乘客舱右后侧,D柱右下侧	后备厢部件(第1页,共2页)	—
X50A	保险丝盒-发动机舱盖下	—	发动机舱左前部,前大灯总成后面	• 发动机舱部件 • 发动机舱左后部件	电气中心识别视图
X50D	保险丝盒-蓄电池	—	后备厢前侧,后备厢地板装饰件下方,安装在蓄电池上	后备厢前侧部件	电气中心识别视图
X51A	保险丝盒-仪表板	—	乘客舱中央,仪表板中央后面,暖风、通风和空调系统(HVAC)控制装置下方	—	电气中心识别视图
X53A	保险丝盒-后车身	—	后备厢左侧,装饰板后面	后备厢左侧部件	电气中心识别视图
X55AF	保险丝座-发动机控制模块	—	后备厢前侧,后备厢地板装饰件下方,蓄电池左侧	后备厢前侧部件	电气中心识别视图

图 2-32 威朗维修手册中的部分主电气部件的信息

2.5 怎样根据故障代码排除故障?

汽车维修手册对故障代码的排除流程较为复杂,下面对维修手册的内容做了适当地简化。当使用诊断仪读出 P00E9 故障码时(无其他故障代码),怎么根据维修手册来排除故障。需要注意,仅仅根据故障码的提示,去更换元件或只检查怀疑对象的电路,有时是无法排除故障的。

2.5.1 故障码说明和故障诊断信息

维修手册中对故障信息进行了说明,即"DTC说明 DTC P00E9:进气温度(IAT)传感器3电路性能"。通过读取故障码说明,我们清楚了故障的方向是"进气温度传感器3"。2016款威朗LFV发动机有3个进气温度传感器,维修手册分别对其标为进气温度传感器1、进气温度传感器2和进气温度传感器3。其中进气温度传感器1、进气温度传感器2集成在如图2-33所示的多功能进气传感器中,进气温度传感器3和进气歧管压力传感器集成在一起。

故障码 P00E9 的诊断故障信息如图 2-34 所示。该

图 2-33 多功能进气传感器位置

诊断故障信息进一步指明故障方向。故障原因包括：进气温度传感器 3 的信号线可能开路或电阻过大；进气温度传感器 3 信号性能不正常；低电平参考电压（搭铁线）可能开路或电阻过大等。

诊断故障信息					
进气温度传感器3					
电路	对搭铁短路	开路/电阻过大	对电压短路	信号性能
信号	P00EA、P00EB	P00E9、P00EB、P00EC	P00EB、P00EC*	P00E9
低电平参考电压	—	P00E9、P00EB、P00EC	P00EB、P00EC*	—
*如果电路对B+短路，则内部发动机控制模块或传感器可能发生损坏。					

图 2-34　P00E9 诊断故障信息

2.5.2　故障诊断仪典型数据

如图 2-35 所示，进气温度传感器 3 在故障仪上显示的典型数据为 150℃、－40℃，结合"诊断故障信息"，该传感器对搭铁短路或对电压短路不会出现故障码 P00E9，所以出现 P00E9 故障码时，典型数据可能为－40℃。

故障诊断仪典型数据				
进气温度传感器3				
电路	对搭铁短路	开路或电阻过大	对电压短路
运行条件：发动机运行 参数正常范围：随环境温度和发动机舱状况而变化				
信号	150℃ (302℉)	－40℃ (－40℉)	－40℃ (－40℉)*
低电平参考电压	—	－40℃ (－40℉)	－40℃ (－40℉)
*如果电路对B+短路，则内部发动机控制模块或传感器可能发生损坏。				

图 2-35　P00E9 故障诊断仪典型数据

2.5.3　电路/系统说明

为了让维修人员了解检测对象的工作原理，维修手册提供了"电路/系统说明"，故障码 P00E9 的主要对象是进气温度传感器 3，表 2-1 是其"电路/系统说明"与进气温度传感器温度、电阻和电压的关系。

进气温度（IAT）传感器 3 是一个可变电阻传感器，能够改变发动机控制模块（ECM）提供的 5V 电压信号。该信号随进气歧管空气温度而改变，并在故障诊断仪上显示为℃（℉）。进气温度传感器 3 与进气歧管中的歧管绝对压力传感器集成在一起。发动机控制模块向进气温度传感器 3 低电平参考电压电路提供搭铁。

表 2-1 进气温度传感器 3 温度、电阻和电压的关系

进气温度传感器 3 温度	进气温度传感器 3 电阻	进气温度传感器 3 信号电压
冷	高	高
暖	低	低

2.5.4 运行和设置故障代码的条件

维修人员通过维修手册中"运行 DTC 的条件"（DTC 指诊断故障代码）和"设置 DTC 的条件"，理解不仅仅进气温度传感器 3 和其电路可能是 DTC P00E9 故障的原因，进气温度传感器 1 和进气温度传感器 2 产生故障，也可以设置 DTC P00E9。

① 故障代码 P00E9 "运行 DTC 的条件"如下：

a. 未设置 DTC P0097、P0098、P0112、P0113、P0117、P0118、P0119、P00EA 或 P00EB。

b. 车辆停止行驶至少 8h。

c. 点火电压至少为 11V。

d. 满足启用条件后，这些 DTC 在每个点火循环中运行一次。

通过理解"运行 DTC 的条件"，理解发动机电控单元如果设置 DTC P0097——进气温度传感器 2 电路电压过低，便不会运行 P00E9。车辆停止行驶少于 8h，也没有达到运行 DTC P00E9 的条件。

② 故障代码 P00E9 "设置 DTC 的条件"的内容较多，分为 3 种情况，以下列举一种情况。这种情况就是以下 3 种状态同时出现时，控制模块即设置故障代码。

a. 发动机控制模块确定进气温度传感器 1 启动温度和进气温度传感器 2 启动温度之间的绝对差值小于或等于 25℃（45℉）。

b. 发动机控制模块确定进气温度传感器 3 启动温度和进气温度传感器 1 启动温度之间的绝对差值大于 25℃（45℉）。

c. 发动机控制模块确定进气温度传感器 3 启动温度和进气温度传感器 2 启动温度之间的绝对差值大于 25℃（45℉）。

2.5.5 参考信息

维修手册列举了排除 P00E9 可以参考的信息，主要包括：发动机控制示意图，部件连接器端视图，电气信息参考（包括电路测试等），等等。发动机控制示意图（见图 2-36）中 B65 为进气歧管压力和空气温度传感器，该空气温度传感器即进气温度传感器 3，图中 LFV 和 L3G 用于区别两种不同型号发动机的电路。

2.5.6 电路/系统检验和测试

(1) 电路/系统检验

电路/系统检验主要是通过诊断仪对检测对象进行检测和确认，例如故障码 P00E9 的主

要内容包括：

① 确认系统未设置 DTC P0641、P0651、P0697、P06A3 或 P06D2 等故障代码，如果有，则优先排除以上故障代码，再排除 P00E9。

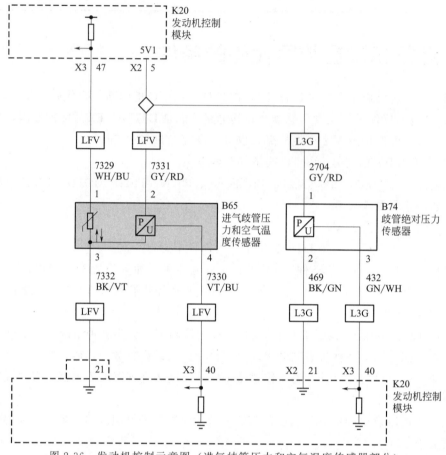

图 2-36 发动机控制示意图（进气歧管压力和空气温度传感器部分）

② 为尽量减小发动机余热和传感器内部加热元件的影响，在熄火 8h 以后检测以下参数：用诊断仪确认进气温度传感器 1、进气温度传感器 2、进气温度传感器 3 参数彼此间的温度差值是否在 30℃ 范围内。否则综合具体情况和其他参数分析。

③ 发动机怠速运行时，确认进气温度传感器 1、进气温度传感器 2、进气温度传感器 3 故障诊断仪参数是否在 -38℃ 和 +149℃ 之间。否则综合具体情况和其他参数分析。

(2) 电路/系统测试

电路/系统测试是故障排除中比较核心的步骤，维修手册中对此处的内容写得非常详尽，限于篇幅，仅仅摘录前 3 点。

① 检查进气系统，并确认不存在以下情况：增压空气冷却器软管松动或断开；增压空气冷却器堵塞；在寒冷天气下，增压空气冷却器上有积雪或积冰；增压空气冷却器上有积土或积尘；进气管堵塞或塌陷；进气歧管泄漏；进气歧管绝对压力传感器密封件泄漏、缺失或损坏；进气管错位或损坏；进气系统进水；进气歧管谐振器的密封件泄漏、损坏或者外壳破裂；等等。

② 将点火开关置于 OFF 位置，关闭所有车辆系统，所有车辆系统断电可能需要 2 分钟。断开多功能进气传感器上的线束连接器。

③ 试低电平参考电压电路端子 7 和搭铁之间的电阻是否小于 5Ω。此时需要参考发动机示意图，从示意图中找到多功能进气传感器，如图 2-37 所示。如果等于或大于 5Ω，则断开发动机控制模块的线束连接器，测试低电平参考电压电路的端到端电阻是否小于 2Ω。如果为 2Ω 或更高，则修理电路中的开路或电阻过大故障。如果小于 2Ω，则更换 K20 发动机控制模块。

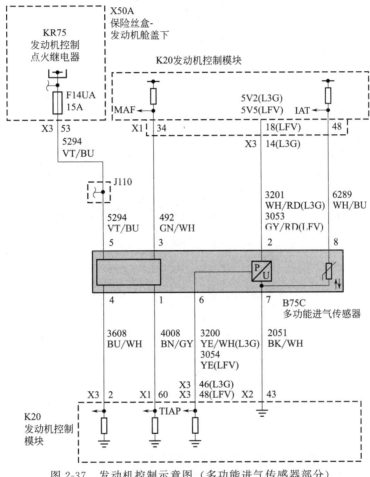

图 2-37　发动机控制示意图（多功能进气传感器部分）

测试发动机控制模块低电平参考电压电路的端到端电阻，可以参看发动机控制示意图，如图 2-38 所示。检查 X2 插接器的 73 号引脚和 X3 插接器的 73 号引脚与搭铁点 G104 的电阻。搭铁点 G104 的具体位置可以从维修手册"11.3 接线和电源管理"中找到"11.3.3.1 主电气列表"，然后在主电气列表中找到。其具体位置为发动机舱左前侧，安装在前端上横梁上。

维修手册在"电路/系统测试"后，还提供了"部件测试"和"维修指南"，针对 P00E9 的"部件测试"主要是改变温度检查进气温度传感器的阻值，此时要参考维修手册中"9.3.1 规格"中温度与电阻对照表。"维修指南"主要是提供更换元件时可以参考的一些信息。

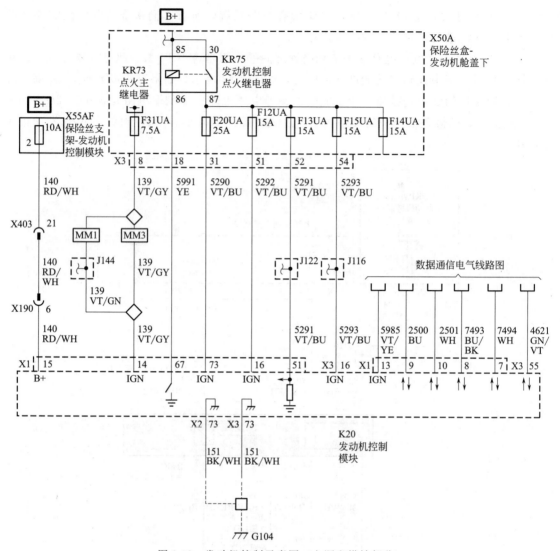

图 2-38 发动机控制示意图（电源和搭铁部分）

2.6 怎么阅读电路图手册？

检查发动机电路故障，必不可少地要查阅电路图手册，通过电路图手册可以查明电路的走向、端子的名称等。以2016款卡罗拉为例，介绍阅读电路图手册的方法。2016款卡罗拉整车电路图手册包括："一、如何使用本手册""二、故障排除""三、缩写""四、术语和符号表""五、保险丝盒、继电器盒零部件位置分布图""六、全车零部件位置""七、全车配线和线束""八、系统电路图""九、插接器表"九个部分。

（1）保险丝盒和继电器盒零部件位置分布图

保险丝盒和继电器盒零部件位置分布图主要包括发动机室继电器盒、发动机室接线盒、仪表板接线盒、4号继电器盒及全车 ECU 的位置图、零部件位置分布图和内部电路图。如图 2-39 所示，4 号继电器盒上有 4 个继电器，分别是 FOG FR 继电器（控制前雾灯）、HTR 继电器（控制加热器）、DOME CUT 继电器（控制室内灯）、S-HORN 继电器（控制警报喇叭）。如果不清楚以上继电器的位置，通过查询此图就可以查明。通过阅读接线盒内部的电路图，还可以更清楚地了解接线盒内的连接情况。

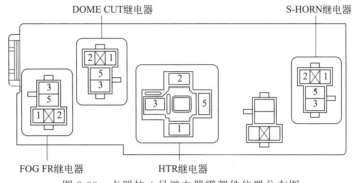

图 2-39　卡罗拉 4 号继电器零部件位置分布图

（2）全车零部件位置图

全车零部件位置图将全车上的电气零部件标出位置，方便维修人员检测及更换电气零部件。全车零部件位置图对于熟悉维修车辆所属车型的维修人员作用不大，对于不熟悉维修车辆所属车型的维修人员有很大帮助。例如，维修人员需要检查燃油泵 ECU（燃油泵控制单元），通过 2-40 所示位置图，能迅速发现燃油泵 ECU 的位置。

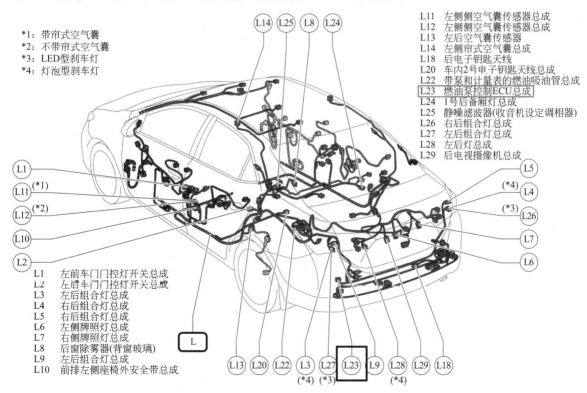

图 2-40　卡罗拉车身部件位置（部分）

(3) 全车配线和线束图

全车配线和线束图包括：座椅的配线和线束，发动机室的配线和线束，发动机室的接地点，仪表板的配线和线束，仪表的接地点，车身的配线和线束，车身的接地点等图。发动机室的配线和线束如图 2-41 所示，发动机室内的接地点如图 2-42 所示，当通过系统电路图分析，需要查找故障时，需要结合配线和线束图以及接地点图。例如，通过查阅电路图手册中的"搭铁点"部分，查阅到具体的搭铁点的位置，以便于检测。

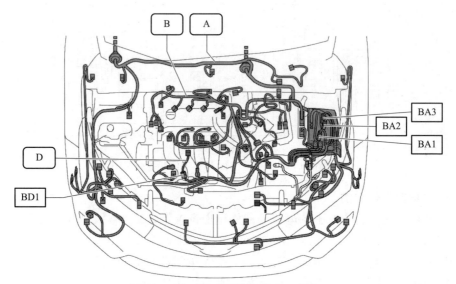

图 2-41　发动机室配线和线束（部分）

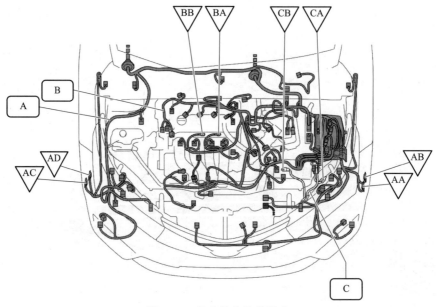

图 2-42　发动机室的接地点

(4) 系统电路图

检测电路时，最常用的就是"系统电路图"，可以了解检测电路的工作原理，可以根据

"系统电路图"进行检测。电路图手册将车辆上安装的电路按所属系统划分,提供各系统电路的资料。电路图手册在"八、系统电路图"分别列举了"电源""停机系统""充电""点火""发动机控制、CVT控制""接地点",等等。查阅电路图手册中的"电源"部分,可以熟悉检测的电路其供电电源的具体情况。通过系统电路图,可以明白系统的工作原理,起动机控制电路如图2-43和图2-44所示,看懂系统电路图的关键是要看懂电流的流动路线。带有无级变速器(CVT)的车辆的启动系统电路图主要有两条电路,其走向如下:

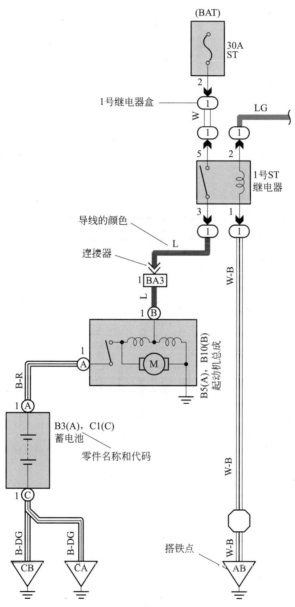

图2-43 系统电路图(启动部分1)

1号ST继电器(启动继电器)开关部分电路:蓄电池正极→1号继电器盒30A ST保险丝→白色导线→1号继电器盒的1号ST继电器5号引脚→1号ST继电器内部开关部分→1号ST继电器3号引脚→BA(3)线束蓝色(L)导线(连接器1号端子输出)→起动机B

连接器1号引脚→起动机→车身搭铁→蓄电池负极。

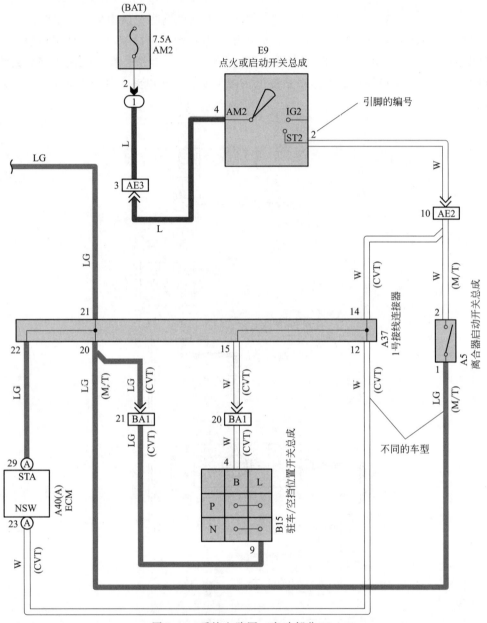

图 2-44 系统电路图（启动部分2）

1号ST继电器（启动继电器）线圈部分电路：蓄电池正极→1号继电器盒7.5A AM2保险丝→AE3线束蓝色导线→点火或启动开关总成→AE2线束白色导线→1号接线连接器→BA1线束白色导线→驻车/空挡位置开关总成→BA1线束浅绿色导线（LG）→1号接线连接器→BA1线束浅绿色（LG）导线→1号ST继电器内部线圈部分→白黑色导线→AB搭铁点。

除了主要的两条电路，还有驻车/空挡位置开关总成向电控单元ECM提供STA（启动）和NSW（空挡）信号。检修启动电路故障时，除了看启动系统电路图，还需要结合其他的电路图。

（5）插接器表

插接器表列举了全车所有插接器的引脚排序情况。如图2-44中驻车/空挡位置开关总成分别给电控单元ECM A40 23号和29号引脚提供STA启动信号和NSW空挡位置信号，如果需要检查ECM A40 23号和29号引脚的具体位置，则可以查询插接器表中A40的具体情况，如图2-45所示。

为了检查方便，很多插接器上也印出了部分引脚的编号，根据插接器引脚编号的顺序，可以判断出所有的引脚编号。插接器也叫连接器，元件端为阳连接器（也称为插头），线束端为阴连接器（也称为插座）。其排序如2-46图所示，阴连接器是从左上到右下依次标出编号，阳连接器是从右上到左下依次标出编号。

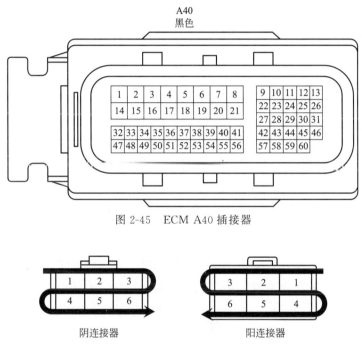

图 2-45　ECM A40 插接器

图 2-46　连接器编号

第 3 章

发动机压缩压力不足故障分析

当发动机出现启动不了、启动困难、发动机发抖等故障时,维修人员结合车辆行驶里程及具体相关情况,需要判断故障是否由于发动机气缸压缩压力不足引起。此时,需要对发动机气缸压缩压力进行检查和分析。

3.1 什么是发动机的压缩压力?

3.1.1 气缸压缩压力形成的原因

当活塞运行到最低位置即下止点时,进气冲程结束,发动机开始第二阶段工作——压缩冲程。压缩冲程工作时进气门和排气门都关闭,活塞从最下面向上运动,对气缸内空气与燃油混合的混合气进行压缩。压缩冲程直到活塞运行到最高位置即上止点时结束。混合气在压缩后其温度和压力都会升高,这样有利于发动机下一个工作冲程——做功冲程。在发动机压缩冲程中,混合气被压缩就形成了气缸的"压缩压力"。

如图3-1所示,活塞在下止点时的气缸内总容积V_1与上止点时的气缸内最小容积V_2的比值即为发动机的压缩比,V_1与V_2的差值为气缸工作容积,所有气缸工作容积之和为排量。同样排量的发动机,通常压缩比越大,其动力性和经济性越好,当然,其压缩压力越高。

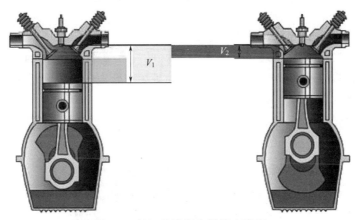

图 3-1 气缸总容积和燃烧室容积

3.1.2 检查气缸压缩压力的方法

发动机压缩冲程末气缸内的压力,称之为气缸压缩压力,俗称缸压。检查气缸压缩压力时,通常需要采用以下步骤。

① 清洁火花塞周围的脏污灰尘。

② 将点火开关或一键启动开关置于OFF挡位,断开喷油器的连接插头或断开喷油器保险丝,以防止在测试气缸压缩压力时,喷油器将燃油喷入。未燃烧的燃油会进入三元催化器,这部分燃油在以后受热点燃会损坏三元催化器。

③ 拆卸所有的点火线圈和火花塞。如果仅仅拆下单缸火花塞,会使测试值低于正常值。

④ 将类似图3-2所示的气缸压力表压入或安装在需要测试的气缸。

图 3-2　气缸压力表

⑤ 踩下油门踏板，使节气门置于全开位置，用起动机带动曲轴转动 3~5s，待压力表表针指示并保持最大压力读数后停止转动。

⑥ 取下压力表，记下读数。按同样方法，依次测量其他气缸。每个气缸可以测量 2 次，取平均值进行记录和分析。

通常气缸压力在 $9\sim12\text{kgf}/\text{cm}^2$，各气缸压力不能大于 $1\text{kgf}/\text{cm}^2$，否则说明气缸存在漏气。注意：$1\text{MPa}=1000\text{kPa}\approx10\text{bar}\approx10\text{kgf}/\text{cm}^2$

3.1.3　气缸压缩压力过高的故障原因

发动机压缩行程末的压力不能过高或过低，压力过高时气缸内部燃烧不受控制，燃烧时容易产生爆震，压力过低时气缸内火焰传播速度慢，做功产生的功率较低。压缩压力增大后，发动机工作粗暴容易造成气缸垫冲蚀。发动机压缩压力通常不超过 $12\text{kgf}/\text{cm}^2$，否则需要检查压缩压力过大的原因。发动机压缩压力过大的原因包括以下方面。

① 通常气缸内严重积炭，包括如图 3-3 所示的活塞顶面、气缸盖底面、气门底面等处积炭严重。

图 3-3　活塞头部积炭

维修案例　　一辆 1.8T 途观汽车 EPC 灯亮，发动机偶尔会抖动，故障代码提示 2 缸和 1 缸压力过高，发动机存在早燃现象。早燃是指火花塞未点火之前，缸内混合气自行燃烧的现象。据此估计气缸内有不少积炭，积炭使燃烧室容积减少，使发动机缸压过高。积炭有行程炽热点，引起了早燃的故障。彻底清理燃烧室、进气管路的积炭，故障排除。

案例解读

彻底清理积炭后，最好能找出其积炭形成的原因，或是曲轴箱通风不良，或是长期低速行驶，否则怕不久又形成积炭。EPC 故障灯亮通常是因为目前节气门位置所对应的发动机"理论功率"和"实际功率"相差过大，发动机有早燃，发动机功率损失严重。

② 气缸盖或气缸体修磨过度、气缸垫过薄等原因会导致气缸燃烧室容积变小。上止点上部的活塞顶面和气缸盖底面以下所形成的空间称为燃烧室，发动机常见的燃烧室形状如图 3-4 所示，当燃烧室容积变小会导致压缩时的压力增大。

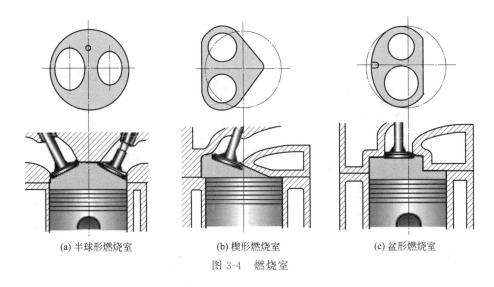

(a) 半球形燃烧室　　(b) 楔形燃烧室　　(c) 盆形燃烧室

图 3-4　燃烧室

③ 排气堵塞也会导致压缩压力增大。

④ 现在发动机大多采用可变气门正时控制系统。该系统出现故障也可能引起压缩压力过高，例如，可变气门正时控制系统因故障控制失准。

维修案例

一辆新款捷达 1.4T 发动机无法启动。检查蓄电池电压为 12V，跳火和喷油也正常。读取故障代码，发现凸轮轴位置传感器 G40/曲轴位置传感器 G28，分配不正确；凸轮轴位置传感器 G40，信号不可靠。检查凸轮轴传感器和曲轴位置传感器，发现正常。依次检查四个气缸的压缩压力都为 18bar 左右，明显过高。结合凸轮轴位置传感器的故障，初步判断为配气相位方面发生错误，导致气缸压力过高。拆解凸轮轴调节阀 N205，发现电磁阀体内部有铁屑，彻底清理 N205 铁屑后故障排除。

> 案例解读

凸轮轴调节阀 N205 卡死，凸轮轴不在正常位置，所以 ECU 会判断凸轮轴位置传感器相关的故障代码。N205 卡住不工作，导致 VVT（可变气门正时）调节阀始终处于进气最大位置，启动时缸压过高，故发动机无法启动。

3.1.4 气缸压缩压力过低的故障原因

气缸压缩压力过低主要包括以下原因。
① 进气管路存在堵塞使进气量不足。
② 气缸、燃烧室、气缸垫等有漏气，压缩时，气缸内混合气不足。
③ 配气相位不准确导致进气时间不足，或压缩时混合气从气缸被压缩到进气管路或排气管路。
④ 启动系统有故障或发动机运转阻力大，致使发动机转速慢。
⑤ 气缸镗削量过大或连杆弯曲等原因，致使燃烧室容积变大。

图 3-5　机油枪

如果测得的缸压低于原厂标准，说明气缸密封性变差，可能存在漏气。可向火花塞孔内注入 20～30ml（毫升）机油，可以使用如图 3-5 所示的机油枪按 2～3 次即可，千万不可以将气缸内压入过多的机油，以免造成连杆弯曲甚至造成发动机更严重的损坏。

然后用气缸压力表重测气缸压缩压力。重新测量的气缸压力值比第一次高，接近标准值，表明气缸活塞环、活塞磨损过大或活塞环对口卡死、断裂及气缸壁拉伤等原因造成气缸密封不严。

重新测量的压力值与第一次基本相同，即依然比标准压力值低，说明进、排气门或气缸垫密封不良。两次结果都表明相邻气缸压力都相对低，说明是两相邻处的气缸垫烧蚀窜气。

3.1.5 分析气缸压缩压力过低需要注意的问题

① 不同发动机故障有不同的特征，有的故障出现在高温状态，有的故障出现在高转速状态，但是测量气缸压缩压力时，只能通过起动机带动，其转速可能远远低于故障状态，而且此时是多次测量，润滑油压力也极低，所以测量时不能完全模拟故障的状态。
② 气缸压缩压力是每个压缩冲程形成的，测量气缸压力时是让发动机完成 3～5 个工作循环，即气缸压力表压力值会上升 3～5 次，尤其要注意第 1 次压力值，可以记录各缸的第 1 次压力值进行对比和分析。
③ 测试气缸压缩压力时发动机转速不高，进气量较小，无法测量到由于气门或弹簧等原因造成的轻微漏气。发动机气缸轻微漏气最容易引起发动机怠速时抖动的故障。

维修案例

一辆大众途观 1.8TSI（双增压）汽车发动机怠速抖动，EPC 警告灯（电子节气门系统）和 OBD（车载自动诊断）警告灯常亮。发动机抖动是因为功率不足，其原因包括进气量或喷油量不足、点火不良、气缸压缩压力过低等。连接诊断仪，检测到 4 缸不发火的故障代码。怀疑 4 缸做功不好，拆下 4 缸火花塞发现积炭严重，更换后故障依旧。检查发现 4 缸压缩压力比其他气缸低 1bar，拆解发动机，发现 4 缸进气门密封不严，气门座圈接触不良，将其修复后故障排除。

案例解读

使用测量气缸压缩压力的方法无法测量轻微漏气，但漏气稍微严重即可以测量出来。4 缸进气门长期密封不严，也影响火花塞的工作温度，所以火花塞出现积炭严重的情况。

④ 在测试气缸压缩压力时，由于机油泵工作时间短，机油压力较低。而在发动机正常工作时，如果机油压力过高，可能引起气门液压挺柱或气门间隙调节器（如图 3-6 所示）工作异常，从而使进气门、排气门关闭不严，引起漏气。

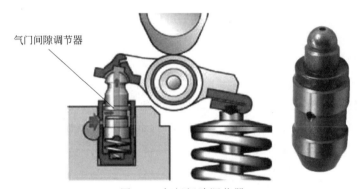

图 3-6　气门间隙调节器

3.2　机体组为什么会影响压缩压力？

3.2.1　气缸盖影响压缩压力的原因及检修

曲柄连杆机构是发动机的主要运动机构，它由机体组、活塞连杆组、曲轴飞轮组三部分组成。发动机机体组主要包括气门室盖（气缸盖罩）、气缸盖、气缸体和油底壳等，在以上元件结合面都有密封垫片和支撑发动机的机脚等。气缸盖结构如图 3-7 所示，它密封气缸上部，并与活塞共同形成燃烧空间，气缸盖上铸有水道、进水口、出水口、进气孔、排气孔、火花塞孔、机油进油道、机油回油道、燃烧室等。气缸盖上安装了凸轮轴、进气门、排气门、火花塞、进气管、排气管等元件。

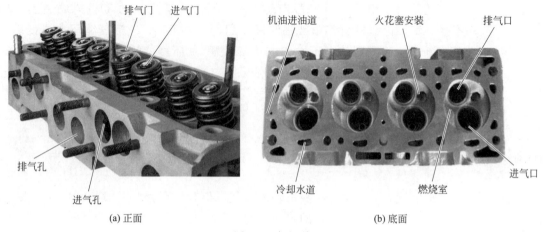

图 3-7 气缸盖

气缸盖引起压缩压力过低的原因主要是气缸盖底面不能密封压缩时的混合气体，具体原因和检修方法如下。

① 气缸盖紧固螺栓未拧紧或出现松动。发现气缸压缩压力不足，如果未能检查到具体原因，可以按如下方法检查。如图 3-8 所示，用扭力扳手和气缸盖螺栓拆装专用工具拧紧气缸盖紧固螺栓。先使用扭力扳手拧至 49N·m，用油漆在气缸盖螺栓的前面作标记。按顺时针再将气缸盖螺栓拧紧 90°，然后再紧固 45°。检查并确认油漆标记现在与前端成 135°。

② 气缸盖紧固螺栓出现损坏。气缸盖螺栓在工作中受到很大的拉力，容易被拉伸而损坏，需要使用游标卡尺检查其长度和最小直径，如图 3-9 所示。如果气缸盖固定螺栓长度大于最大值或最小直径小于最小值，则更换所有的气缸盖固定螺栓。1ZR 发动机气缸盖螺栓最大螺栓长度 86.7mm，最小外径 9.1mm。

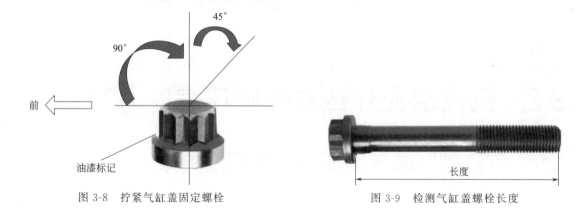

图 3-8 拧紧气缸盖固定螺栓　　　　图 3-9 检测气缸盖螺栓长度

③ 气缸盖紧固螺栓安装方法不对，导致气缸盖翘曲变形。如图 3-10 所示，拆装时要分两到三次，以两边向中间交叉对称的顺序拆卸气缸盖螺栓。第一次拆装时可以选择用扭力扳

手和专用套筒，以两边向中间交叉对称的顺序拧松气缸盖各螺栓。第二次拆装时，用快速扳手或摇杆和专用套筒，同样顺序拧出气缸盖各螺栓。

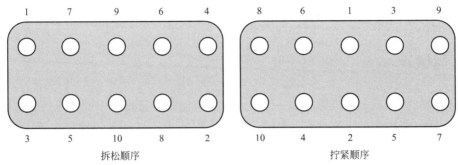

图 3-10　气缸盖紧固螺栓拆装顺序

④ 用铲刀清理气缸盖时损伤了气缸盖，或是对气缸盖上平面没有清理干净。目前大多数发动机的气缸盖是铝合金制造，清理气缸盖时，务必小心，不能损伤气缸盖。摆放气缸盖等表面要求比较高的部件要格外小心，确保其不被外物划伤或磕碰，并且将这些部件要求较高的表面朝上放置或放置于木块上。

⑤ 气缸盖有裂纹或发生翘曲变形。气缸盖翘曲变形指的是气缸盖下平面的平面度误差逾限。气缸盖平面变形后，会使气缸密封不严。如图 3-11 所示，测量气缸盖时，可用平面尺放在气缸盖的所测平面上，然后用厚薄规测量直尺与平面间的间隙，塞入厚薄规的最大厚度即为变形量。

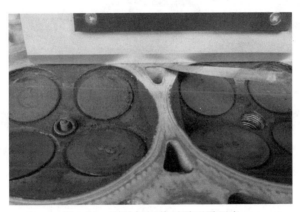

图 3-11　测量气缸盖下平面平面度

测量一个矩形平面的平面度误差，需要测量该平面的四条边及对角线处，取六次测量的最大值。以卡罗拉 17R 发动机为例，测量气缸盖与气缸体的接触平面，平面度误差最大值不超过 0.05mm，测量气缸盖与进气歧管及排气歧管接触面的平面，平面度误差最大值不能超过 0.10mm。

一辆国产奔驰 E200 发动机抖动，仪表中发动机故障灯常亮。读取故障代码为 P030100 识别到气缸 1 燃烧断火，按维修经验清除积炭，调换 1 缸火花塞，故障依旧。检查1缸点火线圈电路，对调1缸点火线圈。检查1缸喷油器电路，正常，清洗喷油器，将喷油器与其他缸对调，故障未解决。检查1缸缸压为0，其他3个缸的压力均12bar左右。拆下气缸盖，发现该缸一个排气门和对应的气门座都缺了一个角，更换气缸盖和气缸垫，故障彻底排除。

 案例解读

排气门和气门座不会无缘无故缺一个角，猜测可能是维修过程中或其他场合有硬物进入进气管路，硬物较小，在压缩时不受影响，在排出过程中恰好碰到排气门关闭，使排气门、硬物、气门座发生撞击，最后导致上述故障。

3.2.2 气缸垫影响压缩压力的原因及检修

气缸垫安装于气缸盖与气缸体之间，如图3-12所示，气缸垫上制有螺栓通孔、水道通孔、机油进油孔等，通过缸盖螺栓的紧固来防止混合气、冷却水和润滑油等窜漏。安装气缸垫时，所有气缸垫上的孔要和气缸体上的孔对齐，尤其要注意气缸垫上机油进油孔要与气缸体上相应的机油进油孔对齐。如果气缸垫是对称的，有金属包边的面或印有批次号的一面朝上。

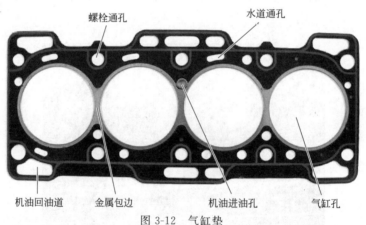

图3-12 气缸垫

图3-13 气缸垫缸沿之间烧蚀

气缸垫烧蚀主要是由于高温、高压气体的冲击，烧坏包口、护圈及石棉板，从而导致气缸漏气，润滑油、冷却水窜漏。出现冲蚀气缸垫故障时，存在发动机动力性能下降，气缸压力不足，排气管放炮现象。气缸垫烧蚀故障现象，包括如下几种。

① 气缸垫的两个气缸缸沿之间烧蚀，如图3-13所示。这种故障会造成以下现象：发动机动力不足；汽车行驶无力；加速性差；取下空气滤清器，发动机怠速时，在进气管口处可听见"啪、啪"声。

进气管口处可听见"啪、啪"声的原因如下，例如气缸垫2缸和3缸之间缸沿烧蚀，如表3-1所示，当3缸处于做功冲程时，2缸处于进气冲程，3缸一部分灼热的混合气通过气缸垫进入2缸及2缸的进气歧管，点燃2缸进气歧管内部分混合气，于是发出"啪、啪"的声音。

表3-1　工作顺序1-3-4-2的四缸发动机工作循环表

曲轴转角/(°)	第1缸	第2缸	第3缸	第4缸
0～180	做功	排气	压缩	进气
180～360	排气	进气	做功	压缩
360～540	进气	压缩	排气	做功
540～720	压缩	做功	进气	排气

② 气缸垫烧损部位与水套孔相通，散热器（水箱）冒气泡，排气冒白雾。散热器（水箱）冒气泡是因为发动机气缸内部的压力泄漏到了冷却系统。检查时，当气缸压力低于标准值时，可以打开冷却液加注口盖，启动发动机并急加速三次，达到约3000r/min，同时观察冷却液。如果冷却液中出现气泡，说明发动机气缸内部的压力泄漏到了冷却系统。排气冒白烟是因为在发动机某缸处于进气时或熄火时，冷却系统压力高于气缸，少量的冷却液进入气缸，进入气缸的冷却液变成蒸汽，于是从排气管看到白雾。

③ 气缸垫烧损部位与机油进油道相通，部分机油会窜入缸内烧蚀掉，排气冒蓝烟。气缸垫上通常只有1个机油进油孔，安装时特别注意对齐此油道。

④ 气缸垫烧损部位与外部大气环境相通，发动机的动力性能变差，经济性恶化，并且从气缸垫的破损处发出激烈的"噼、噼"声。

一辆长城旅行车多次出现散热器内冷却液不足，发动机高温。启动发动机，检查没有渗漏冷却液的痕迹，怀疑冷却液被"烧了"。检查排气管，发现有明显白气。拆检气缸盖，发现气缸垫冲蚀，缸盖上1缸位置腐蚀很严重。检查气缸盖和气缸体结合平面的平面度正常，没有明显的划伤。检查缸盖螺栓，有2颗缸盖螺栓被拉长。将所有缸盖螺栓进行更换，清理积炭后进气安装，故障排除。

 案例解读

案例中缸盖螺栓被拉长后达不到规定的力矩，所以会出现气缸垫冲蚀（也称为冲缸）。除了缸盖螺栓拧紧力矩不足以外，气缸盖和气缸体接触平面不平、缸盖螺栓拧紧顺序不当、气缸垫重复使用或质量不达标、燃烧内有大量积炭、发动机爆震、发动机过热等原因都有可能造成气缸垫损坏。当气缸垫损坏后，要能找到原因，否则不久后又需要返修。

3.2.3 气缸体影响压缩压力的原因及检修

如图 3-14 所示，气缸体是发动机的主要骨架，其上部使用螺栓连接气缸盖，其下部通过曲轴轴承盖固定曲轴，通过气缸体四周的螺栓固定油底壳，气缸体中部是发动机的主要部分气缸。V 型发动机在气缸体上布置了两排气缸，气缸体要经受高温高压，所以需要冷却水道以便于其冷却。活塞在气缸中往复运动，摩擦较大，燃料与废气又具有腐蚀性，所以气缸体必须能耐高温、耐腐蚀、耐磨损等。

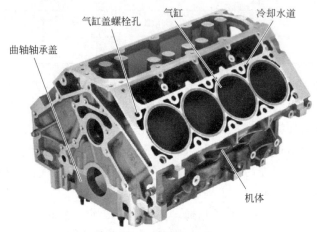

图 3-14 V 型气缸体

气缸体影响压缩压力的原因主要包括以下方面。

① 气缸盖和气缸体采用螺栓连接，一旦螺栓孔损坏，则气缸盖螺栓无法正常固定气缸盖。检修时，彻底清洗每个螺栓孔，如图 3-15 所示，观察螺栓孔螺纹是否损伤，是否存在滑牙现象，如有，则需要维修或更换气缸体。

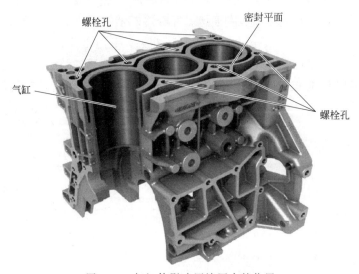

图 3-15 气缸体影响压缩压力的位置

② 气缸体上平面不能密封，检查时要查看气缸体上平面是否有腐蚀、伤痕或其他形式的损坏，如轻微可以用如图 3-16 所示油石进行修整，不能修整则进行更换。

③ 气缸或气缸套磨损，活塞上行压缩时，气缸漏气。活塞在气缸中以极快的速度往复运动，所以气缸体耐磨性要很好。通常在气缸中镶入镀耐磨金属的气缸套，磨损后可以更换或维修气缸套。汽油机采用厚度较小的干式气缸套，它不与冷却液直接接触，如图 3-17 所示。柴油机采用厚度大的湿式气缸套，它直接与冷却液接触。整体式缸体无气缸套，气缸磨损后通常需要更换气缸体。

图 3-16　油石

图 3-17　气缸套

气缸磨损的测量主要是确定气缸磨损后的圆度、圆柱度和最大直径，超过维修标准值，则需要维修或更换。在气缸同一断面上活塞销方向和垂直活塞销方向，测量到最大与最小值径差值的一半，即为圆度误差。在三个断面内所测得的所有读数中最大与最小的直径差值的一半，即为气缸的圆柱度误差，如图 3-18 所示。

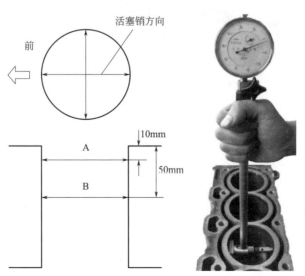

图 3-18　测量气缸

a. 清洁并目测气缸有无明显损坏，用手感觉上止点时第一道活塞环对应的位置，是否存在明显的磨损。

b. 将百分表、表杆座安装到表杆上，选取适合气缸直径的接杆安装到表杆上。

c. 在气缸体的纵向将量缸表放入气缸，前后摆动量缸表找出百分表最小读数值，即气缸直径位置，转动表壳使百分表的指针指为零。

d. 在气缸体的纵向将量缸表取出，转动量缸表90°再放入气缸，前后摆动量缸表找出气缸直径位置的读数。此时，百分表读数的一半即为此断面圆度。

e. 把在上、中、下三个测量断面上测量到的最大圆度作为气缸的圆度。

3.3 其他部件影响压缩压力的原因

3.3.1 活塞连杆组影响压缩压力的原因

如图3-19所示，活塞连杆组主要由活塞、活塞环、活塞销、连杆和连杆轴瓦等组成。活塞连杆组位于发动机最中心的位置，是发动机的动力源泉。活塞连杆组将活塞的往复运动转变为曲轴的旋转运动，并把作用在活塞组上的燃气压力传给曲轴，使曲轴旋转并输出动力。

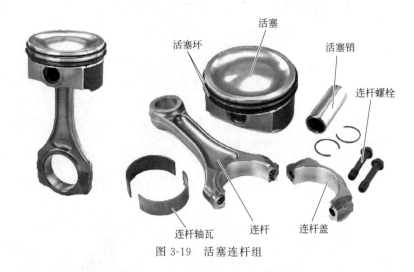

图3-19　活塞连杆组

活塞连杆组影响压缩压力的原因及检修如下。

① 活塞头部积炭，前文已经阐述，此处不再赘述。

② 活塞、活塞环磨损导致漏气。

活塞是发动机的重要动力部件，一般采用铝合金制成。它主要由顶部、头部和裙部组成。活塞的顶部与气缸盖、气缸体共同组成燃烧室。活塞头部是活塞环槽以上的部分，油环底面钻有许多油孔，活塞裙部主要起导向作用。

活塞环包括气环和油环两种，如图3-20所示。气环的作用是保证活塞与气缸壁间的密封，防止高温高压燃气进入曲轴箱，同时还将活塞顶部的大部分热量传导给气缸体，再由冷却水或空气带走。油环多是由两片刮片和衬簧组成，它主要起到刮油、布油和辅助密封作用。油环用来刮除气缸体上多余的机油，并在气缸体上铺涂一层均匀机油膜，这样既可以防止机油串入，又可以减小活塞与气缸的磨损与摩擦阻力。

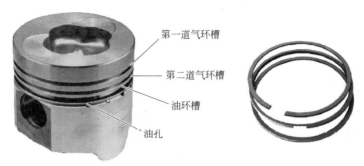

图 3-20 活塞环槽和活塞环

在与活塞销孔轴线垂直的方向处测量活塞头部直径，如图 3-21 所示。在距活塞顶部 12.6mm 处，1ZR 发动机活塞标准直径为 80.461～80.471mm，直径不符合，需更换活塞。以上止点时活塞裙部所对应位置作为测量点，使用量缸表测量气缸内径。用气缸直径减去活塞直径即为活塞油膜间隙。1ZR 发动机活塞油膜间隙标准为 0.0292～0.052mm，超过最大油膜间隙 0.090mm，需要更换所有活塞或气缸体。

测量活塞时注意测量的位置，原因是：活塞裙部呈椭圆形，长轴垂直于活塞销孔轴线，短轴平行于活塞销孔轴线，长短轴之差约为 0.3～0.5mm。

检查活塞环的配合间隙，活塞环的背隙是活塞与活塞环装入气缸后，活塞环内圆柱面与活塞环槽底间的间隙，其值为活塞环槽深度与活塞径向厚度的差值。1ZR 发动机三道活塞环标准背隙分别为：第一道 0.02～0.07mm，第二道 0.02～0.06mm，第三道（油环）0.02～0.065mm。如果活塞环背隙不符合规定，则更换活塞。

图 3-21 测量活塞头部直径

图 3-22 检测活塞环侧隙

活塞环侧隙是指活塞环的厚度与活塞上相应环槽宽度的差值，其测量方法如图 3-22 所示。活塞环端隙是指活塞环随活塞装入气缸后，环的两端头的间隙，测量方法如图 3-23 所示，要用活塞从气缸体的顶部将活塞环推至气缸体底部使其行程超过 50mm。

③ 活塞环对口。活塞环对口是使两片或两片以上的活塞环开口转到同一方向，这种情况下活塞环的气环无法起到密封的作用。如图 3-24 所示，安装活塞环时，需要注意活塞环

开口的方向。

图 3-23 检测活塞环端隙

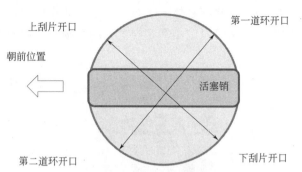

图 3-24 活塞环安装方向

④ 连杆弯曲。连杆弯曲致使运行阻力大，燃烧室容积变大，气缸压缩压力变低。

连杆是活塞与曲轴连接的部件，其功用是将活塞承受的力传给曲轴，并将活塞往复运动

图 3-25 检查连杆的高度

变为曲轴的旋转运动。连杆由连杆小头、杆身和连杆大头构成。连杆小头通过活塞销连接活塞，有些连杆小头孔内还压入耐磨青铜衬套。连杆大头通过连杆轴承连接曲轴，连杆大头孔内安装连杆轴承。连杆通常采用碳钢等材料锻造成形，为了减轻质量及不易变形，断面均制成"工"字形。

如图 3-25 所示，四个气缸的发动机第 1 缸和第 4 缸是对应缸，第 2 缸和第 3 缸是对应缸，对应缸的活塞运行高度是一致的。当车辆经过进水或其他事故时，如果怀疑连杆弯曲了，活塞高度不一致，拆卸火花塞，通过火花塞孔可以进行测量。发动机解体后，通过连杆校正仪可以检测连杆是否弯曲，不过大多数连杆弯曲后，可以目测发现，弯曲的连杆通常直接更换，如图 3-26 和图 3-27 所示。

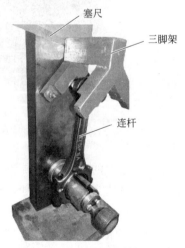

图 3-26 连杆校正仪检测连杆

图 3-27 弯曲的连杆

维修案例

一辆搭载 LED 发动机的科鲁兹轿车发动机故障灯亮,发动机无力。检查发现机油从机油尺管喷出。故障代码提示 4 缸失火,测量 4 缸气缸压力仅为 5bar。拆检发现 4 缸连杆弯曲,且活塞碎裂,进气歧管中存有机油,特别是 4 缸进气道内积有较多的机油。检查发现曲轴通风阀损坏(曲轴箱通风阀和气门室盖是一个整体),将气门室盖更换。更换连杆、活塞,试车故障排除。

案例解读

该车出现过一次事故,事故造成了连杆弯曲、活塞碎裂,压缩时,大量的气体进入曲轴箱,又造成机油从机油尺管冒出,曲轴箱通风阀损坏。4 缸功率不足,发动机电控单元 ECU 判断 4 缸失火。

3.3.2 曲轴飞轮组影响压缩压力的原因

曲轴飞轮组包括曲轴、飞轮和曲轴扭转减振器等元件。如图 3-28 所示,曲轴一般由主轴颈、连杆轴颈、曲柄、平衡重等组成。平衡重用来平衡曲轴的离心力和离心力矩。曲轴上还有贯穿主轴颈、曲柄、连杆轴颈的油道,以便润滑主轴颈和连杆轴颈。

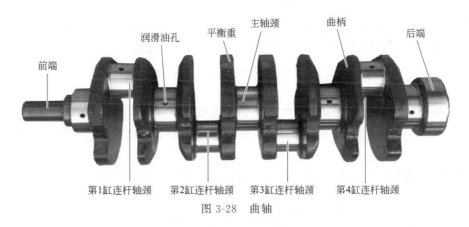

图 3-28 曲轴

曲轴飞轮组影响气缸压缩压力过低的主要原因如下。

① 曲轴断裂。曲轴断裂后,启动时起动机带动飞轮,飞轮带动曲轴转动,由于曲轴断裂,处于前端的气缸无法进行正常的压缩,所以气缸压缩压力过低。理论上分析曲轴弯曲也会导致气缸压缩压力过低,但实际维修中少见。

② 曲轴轴承严重磨损致使活塞上止点降低,燃烧室容积变大。

曲轴主轴颈被支承在气缸体上,在主轴颈和气缸体之间,安装两片曲轴轴承,用于限制曲轴的径向跳动。止推轴承用来限制曲轴轴向窜动。曲轴轴承和连杆轴承的材质相同,分为上、下两片。它们在自由状态下不是半圆形,当它们装入轴承盖内,要有过盈量,故能均匀地紧贴在孔壁上,具有很好的承受载荷和导热的能力。如图 3-29 所示,轴承上有定位的凸榫，安装时键入定位槽中，可以防止轴承前后移动或转动，有的轴承上还有油槽、油孔，注意安装时对齐相应的油道。曲轴轴承严重磨损后，可以通过目测发现。

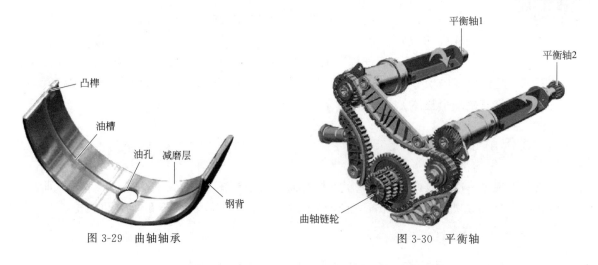

图 3-29　曲轴轴承　　　　　　　　图 3-30　平衡轴

有的发动机采用了双平衡轴（图 3-30），位于气缸体的下端两侧，由曲轴和链条驱动。两根平衡轴自身的旋转产生的离心力正好与曲轴产生的离心力方向相反，可以抵消掉大部分的振动，从而增强发动机动平衡状态特性，降低噪声。

【维修案例】　一辆本田雅阁行车时有异响，询问车主得知该故障是在一次维修后出现，当时维修的原因是发动机因高温熄火。路试时发现车速到 70km/h 以上时，发动机有"嘎、嘎"异响。估价这种异响的原因包括：爆震、平衡轴不正常、发动机机脚损坏、各零件的间隙不当等。简单地着手检查，发动机机脚正常，通过诊断仪检查发动机点火正时正常，无爆震现象。推断发动机气缸体因高温产生了变形，使平衡轴不能真正起到平衡作用，更换气缸体后故障排除。

【案例解读】　此次故障其实有一定的难度，能很快地找到原因得益于"询问车主"，发动机高温使气缸体产生了变形，发动机气缸体变形的温度并不是水温表指示的"高温"，发动机内部燃烧温度非常高，如果气缸壁上的热量不能得到及时的散发，就可能引起气缸体变形或其他形式的损坏。

3.3.3　气门传动组影响压缩压力的原因

配气机构功用是按照发动机的工作顺序，定时地开启和关闭进、排气门，以保证可燃混合气或新鲜空气得以及时进入气缸，并把燃烧后生成的废气及时排出气缸。配气机构包括气门组和气门传动组。气门传动组包括正时链轮或正时带轮、正时链条或正时传动带、进气凸轮轴、排气凸轮轴等元件，其功用是定时驱动气门开启，并保证气门有足够的开度和持续时间。

① 装配时，正时记号未对准确，进气门出现过度提前打开或过度迟后打开。如图3-31所示，气门传动组需要定时驱动气门开启，必须保证活塞所属的冲程和气门位置是相对应的，例如，第1缸的活塞处于压缩冲程的后期，气门必须关闭，否则被压缩的气体都被压到进气歧管和排气歧管了。常见的轿车发动机气门传动组采用带或链条传动，如图3-32所示，在曲轴和链条上标有正时记号，采用双凸轮轴的发动机，至少有3处正时记号。装配时要对齐所有的记号，并且安装好，摇转发动机2圈，重新检查记号是否对齐。

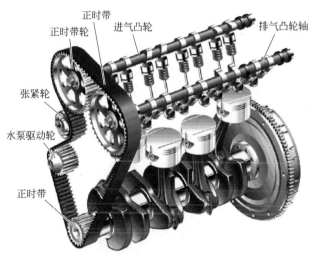

图3-31 气门传动组

图3-32 正时记号

维修案例

一辆进口奥迪轿车在车速120km/h时，发动机故障灯会点亮，且伴有气门异响。用故障检测仪读取故障代码，显示爆震传感器故障。但爆震传感器故障不至于导致气门异响。检查机油压力正常，重新校对配气相位，结果发现左凸轮轴比正常位置相差1个齿。由于凸轮轴与曲轴的相对位置发生变化，改变了配气相位也影响了点火正时，所以发动机会产生爆震。重新安装后，故障排除。

 案例解读

由于配气相位错误导致了爆震、气门异响等故障现象。发动机配气相位不会无缘无故出现"相差1个齿"，通常是安装错误或张紧力不足，或是链轮、链条磨损导致，维修时，需要查明原因以免返修。

② 传动链条或传动带张紧机构损坏等原因导致传动带或传动链跳齿。
正时带属于橡胶部件，随着发动机工作时间的增加，正时带和正时带轮等都会发生磨损

或老化。因此，在规定的周期内必须更换正时带及附件。一旦正时带发生跳齿或断裂现象，发动机则不能正常工作，便会出现怠速不稳、加速不良甚至损坏发动机。

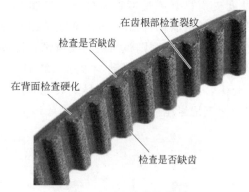

图 3-33 正时带的检查

就车检查正时带张紧度时，用手指在两带轮中间捏住正时带，以手指的力量能将正时带捏转 90°为合适，或按下正时带，其挠度为 10～15mm。正时带在平时维护时，应对其进行检查，检查方法如下。如图 3-33 所示，正时带背侧应光滑无弹性并且用指甲压下时不会留下凹口，否则说明正时带硬化；检查正时带背部、齿根部等应无裂纹；检查正时带侧是否存在异常磨损，异常磨损时侧边会成呈锯齿状；检查正时带齿部是否异常磨损或缺齿。

如图 3-34 所示，正时带、链条传动常用张紧器和张紧轮来保持正时带、链条在传动过程中适当的张紧力，从而避免正时带打滑，避免同步带发生跳齿、脱齿而拖出，或者是防止链条松动、脱落，减轻链轮、链条磨损。

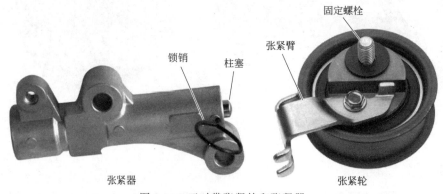

图 3-34 正时带张紧轮和张紧器

检查链轮时，将链条绕在链轮上，用游标卡尺测量链轮和链条的直径，如图 3-35 所示。

图 3-35 正时链条和链轮的检查

1ZR 发动机进气、排气凸轮轴链轮和链条最小齿轮直径 96.8mm，曲轴链轮和链条最小齿轮直径 51.1mm。如果直径小于最小值，则更换链条和齿轮。

维修案例

一辆奥迪 A8L 的发动机启动后有"嗒嗒"的异响，且仪表 EPC 警示灯点亮。启动发动机，发现在第二列气缸后部链条驱动部位存在异响，读取故障码为"P001800：气缸列 2，凸轮轴位置/曲轴位置传感器分配不正确，主动/静态"。分析异响和故障码的故障指向，估计影响配气正时的链条驱动等部位存在故障，拆检发现气缸列 2 链条张紧器上的导链板已经脱落，链条直接在铝质张紧器上运转。更换气缸列 2 的链条张紧器，重新校对配气正时，故障排除。

案例解读

案例中链条松动了，恰好没有"跳齿"，否则会出现气门撞击活塞，造成发动机损坏很严重的故障。链条松动了也会影响气缸压力，只是不至于影响到发动机启动性能。

③ 凸轮轴凸轮高度磨损等原因导致气门间隙过大。凸轮轴凸轮高度磨损、气门间隙过大、进气门打开时间和升程不足，致使进气时间不足，气缸压缩压力较低。

轿车发动机气门传动组将曲轴的动力通过曲轴正时带轮（或正时链轮）、正时带（或正时链条）、凸轮轴正时带轮（或正时链轮），传给凸轮轴。凸轮轴轴承盖将凸轮轴固定支承在气缸盖上，如图 3-36 所示，凸轮轴支承轴颈上还有润滑油孔，机油通过此润滑油孔可以润滑凸轮轴支承轴颈和轴承盖。

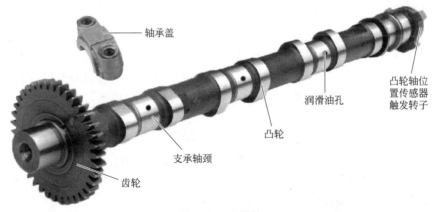

图 3-36 凸轮轴

检查凸轮轴凸轮高度时，如图 3-37 所示，采用千分尺测量凸轮左右两个截面的高度，如果低于限制值，则更换凸轮轴。一般不能低于标准值 0.5mm，1ZR 发动机进气凸轮高度不能低于 42.666mm，否则需要更换凸轮轴。如果凸轮轴凸轮磨损，那么凸轮轴的支承轴颈也会磨损，其磨损后和轴承盖配合间隙增大，机油从凸轮轴和轴承盖之间的间隙泄压，因而，发动机机油压力会下降。

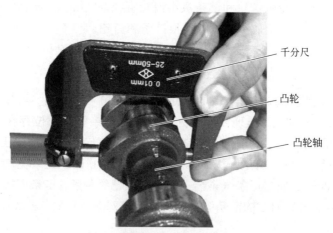

图 3-37 检查凸轮轴凸轮高度

一辆大众 CC 轿车出现加速无力，读取故障码为 00833：凸轮轴位置传感器 G40 信号不可靠。该传感器为 3 线式霍尔传感器，检查该传感器的接线和插接器，正常。检查发动机正时记号及相关的链条、张紧器等元件，未发现异常。加速到 1200r/min，EPC 灯闪烁，数据流中气缸列 1 凸轮轴调节规范值 0.5，实际值为 -64，说明凸轮轴的调节异常，怀疑正时调节器异常。拆检后，未发现异常。怀疑管路中机油压力泄压，检查进气凸轮轴与轴承盖承孔间隙偏大，推断应该是此处机油存在泄压情况，更换损坏的元件，故障排除。

案例解读

发动机有故障代码，不能只检查电路和电控元件，很多时候是发动机的机械或液压部分造成的。排除有故障代码的故障，发动机电控单元只能直接接收传感器的信号和给执行器发出指令，并不能直接监控机械或液压部分，当对比 2 个或多个传感器的信号不正常时，电控单元就会记录故障代码。

④ 液压挺柱损坏等原因致使气门间隙过小，气门无法关闭。

目前轿车发动机通常采用液压挺柱或气门间隙调节器来调节气门间隙，如图 3-38 所示。

图 3-38 液压挺柱

液压挺柱上有进油口，它能利用来自机油泵的机油自动变化长度。气门间隙调节器用于带滚子摇臂的气门传动组中，其工作原理与液压挺柱类似。液压挺柱有故障或使用的型号不符时，将会影响气门间隙。

发动机工作时，温度变化大，由于热胀冷缩的原因，在发动机冷态时，需要在气门杆尾端留有间隙，以补偿气门受热后的膨胀量。为此，在常温装配发动机时，在气门杆尾端预留一定的间隙，此间隙称为气门间隙。通过以下检查方法，可以检查气门间隙是否符合要求。

检查具有自动调整气门间隙功能的发动机的气门间隙时，需要多次提高发动机转速，如果气门杆部发出异常噪声，则使发动机暖机并怠速运转30分钟以上，再次进行以上检查。检查过程中如果发现其故障，则检查间隙调节器或液压挺柱。

a. 准备厚薄规和木制或者塑料的楔条。

b. 启动发动机并运转到正常温度，将发动机转速提高大约2500r/min，运转2min。

c. 安装机油压力表或通过机油压力指示灯，检查机油压力是否正常。

d. 转动曲轴，直到被检查挺杆的凸轮朝上。

e. 如图3-39所示，在凸轮的基圆朝下时，测量凸轮和挺杆之间的间隙，用木制或塑料楔条向下压住挺杆。如果凸轮轴和挺杆之间能放入0.20mm的厚薄规，则液压挺杆工作不正常，需要检查是否是液压挺杆损坏、液压挺柱承孔磨损或气门杆被磨短等原因。

图3-39 检查气门间隙

3.3.4 气门组影响压缩压力的原因

发动机不断做功，必须持续输入新的燃料和及时排出废气，进、排气门在这过程中就扮演了重要角色。进、排气门是由凸轮控制的，适时的执行"开门"和"关门"这两个动作。如图3-40所示，气门组主要由进气门、排气门、气门弹簧、气门弹簧座、气门锁片、气门导管、气门油封等组成。气门处于关闭状态时，必须有一定的预紧力，否则容易漏气。

① 气门积炭，堵塞进气。如图3-41所示，气门包括头部和杆部两部分，气门头部的锥面用来密封，通常采用45°；气门杆部制成中空，可减轻质量。为了增加进气量，进气门通常都会比排气门大一些。因为一般进气是靠真空吸进去的，排气是挤压将废气推出，所以排气相对比进气容易。这也是为了获得更多的新鲜空气参与燃烧，因而进气门"头部"会大一些。气门杆凹槽位置用于安装气门锁片。气门锁片可以将气门杆固定在气门弹簧座圈上，如图3-42所示。

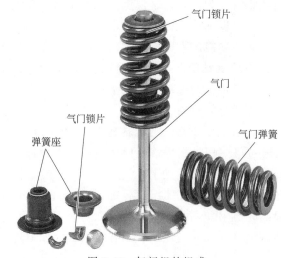

图 3-40 气门组的组成

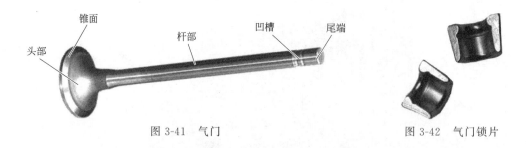

图 3-41 气门　　　　　　图 3-42 气门锁片

如图 3-43 所示，气门积炭后使进气通道减小，而且由于积炭不平滑，在进气时形成紊流会减慢进气的流速，因而气门积炭会减小气缸压缩压力，但其影响气缸压力的程度非常小。

图 3-43 有积炭的气门　　　　图 3-44 气门座圈

② 气门和气门座圈密封处漏气，导致压缩时漏气。气门和气门座圈密封处漏气的原因包括装配前没有磨合好，气门和气门座圈等有积炭，积炭掉落粘在气门座圈上，气门与气门座圈磨损导致漏气。

气缸盖上与气门锥面相贴合的部位称为气门座,其位置如图 3-44 所示。气门座的温度较高,又承受频率极高的冲击载荷,容易磨损。气门座圈镶嵌在气缸盖上,在气门关闭后,气门锥面和气门座圈要配合密封,不能留下一丝"门缝",否则会漏气。

怀疑进、排气门与座圈接触的位置漏气时,拆下进气歧管和排气歧管,将气缸摇转到压缩冲程,拆下火花塞,将压缩空气吹向气缸,如果从进气歧管或排气歧管处出气,说明漏气。

③ 气门杆磨短,进气时间减少,进气通道减小。

如果怀疑气门杆部磨短,观察有无磨损的痕迹,如果没有,用游标卡尺测量气门的总长。例如,1ZR 发动机进气门标准长度为 109.34mm,长度小于 108.84mm 时,需要更换气门,如果没有标准数据也可以对比不同气缸气门杆的长度。

④ 气门弹簧损坏,气门回位慢。气门弹簧弹力减弱,气门回位较慢,对气缸压缩压力影响较小,如果气门折断可能引起气门关闭不严,对气缸压缩压力影响较大。

气门弹簧可以使气门自动回位关闭,保证气门与气门座的座合压力,吸收气门在开关过程中各传动零件产生的惯性力。如图 3-45 所示,气门弹簧采用圆柱形螺旋弹簧,一端支承在气缸体上,而另一端则压靠在气门杆端的弹簧座上,弹簧座用锁片固定在气门杆尾部。安装时,弹簧节距大的一端朝上。

图 3-45 气门弹簧和弹簧座

第 4 章

混合气浓度失调故障分析

导 读

发动机电控单元主要的控制对象之一就是喷油量，喷油量过多或过少都会影响混合气浓度。工程师们为了精确地控制混合气浓度，在发动机上使用了大量的传感器和执行器，也在电控单元中设置了很多程序。这些传感器和执行器以及燃油管路出现故障，一定程度上会影响混合气浓度。在学习上述部件结构和原理的时候，就熟悉其对混合气浓度的影响，非常有利于以后的故障排除。

4.1 混合气过浓或过稀有什么故障现象?

4.1.1 混合气过浓的故障现象

按一定比例混合的汽油和空气混合物，称为可燃混合气，发动机理论空燃比为 14.7：1，如果空燃比大于 14.7：1，则是浓混合气。如图 4-1 所示，混合气浓度在理论空燃比附近，其动力性能和燃油经济性最好。混合气过浓，燃烧很不完全，气缸中将产生大量的 CO 和游离的炭粒，造成燃烧室、火花塞、气门顶部产生积炭，排气管冒黑烟，排气中废气多污染严重。

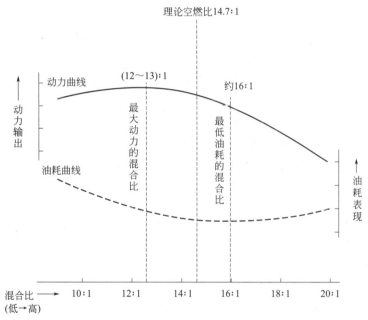

图 4-1 混合气的动力曲线和油耗曲线

混合气过浓，产生的故障现象包括以下方面。

① 发动机动力不足，不易加速。混合气的燃烧速度较低，有效功率也将减小，燃油消耗率也增高。

② 混合气过浓，燃烧不完全，排气管冒黑烟，废气中的 CO 还可能在排气管中被高温废气引燃，发生排气管"放炮"的现象。

③ 火花塞积炭过多。混合气不能完全燃烧，产生黑烟使火花塞熏黑或产生较多的积炭，如图 4-2 所示。

④ 混合气过浓时，发动机会自动熄火或无法启动。

图 4-2 有积炭的火花塞

4.1.2 混合气过稀的故障现象

如果混合气过稀，虽然混合气中的汽油可以完全燃烧，但是过稀的混合气燃烧速度低，一部分混合气的燃烧是在活塞向下止点移动时进行的。这部分混合气燃烧放出的热量中转变为机械功的相对较少，很多热能通过气缸壁传给冷却液被散发出去，因而发动机动力性和经济性变差。

如果混合气严重过稀，燃烧过程可能拖到一个下工作循环的进气过程，此时残存灼热气体将通过开启的进气门，将进气管中的混合气点燃，造成进气管回火。缸内喷射发动机进气歧管内没有混合气，极少会回火。由于燃烧过程长，排气中气体还在燃烧，因此，排气管温度非常高。

如果混合气稀到一定程度，火焰不能正常传播，发动机运转不稳定，会出现熄火或无法启动的情况。

一辆宝马 X6 运动型多功能车加速无力，试车急加速时有强烈的爆震声，故障码提示增压过度。发动机增压过度的故障提示可能实际是增压不足引起的，爆震估计是混合气稀所致。发动机急加速，观察废气旁通阀推杆的动作幅度都很小。用手动真空泵检查推杆，发现其动作灵活并能够使旁通阀完全打开或关闭。由此可见问题出在了气动系统的控制上。怠速运转时，检查增压控制系统的真空源及电子气动压力转换器（EPDW）的控制信号，均正常。更换电子气动压力转换器，故障排除。

 案例解读

发动机增压过度的故障提示可能实际是增压不足引起的。电控单元 ECU 多次感应到增压不足时，就会通过增压控制电磁阀让废气多通过涡轮，目的是多进气，但电控单元 ECU 通过进气压力传感器等信号还是感应到进气不足时，就可能产生增压过度的故障代码。

4.2 进气系统为什么会影响混合气浓度？

如图 4-3 所示发动机进气系统是将洁净的空气分配到各缸进气道，它包括空气滤清器、进气总管、进气歧管、节气门、中冷器等。进气歧管必须将空气和燃油混合气或洁净空气尽可能均匀地分配到各个气缸，为此进气歧管内气体流道的长度应尽可能相等。为了减小气体流动阻力，提高进气能力，进气歧管的内壁应该光滑。

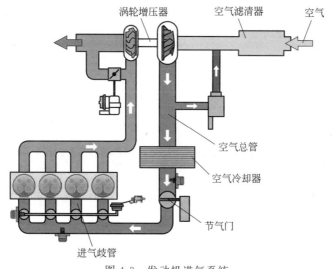

图 4-3　发动机进气系统

4.2.1　进气系统引起混合气过浓的原因

进气管路有堵塞情况,包括空气滤芯堵塞,进气管路、节气门、气门等处有积炭,进气软管被吸瘪,等等。进气管路有堵塞,节气门后方进气管内压力减小,为了提升动力,通常会加大节气门的开度,所以进气管路堵塞通常会引起混合气过浓。装有涡轮增压的发动机,当电控单元控制压力增大到高于大气压时,如果此时节气门后方有漏气,进气管内的空气从里面漏到外面,此时会出现混合气过浓的现象。

在急速时,节气门开度小,此时在节气门阀板、节气门体上的积炭对空气的堵塞影响很大,会引起急速发抖,甚至熄火。

空气滤芯的结构如图 4-4 所示。空气滤芯必须定期更换,尤其是有的地方比较潮湿,空气滤芯虽然看上去干净,但空气穿透能力差,会堵塞空气。

图 4-4　空气滤芯

一辆大众途昂汽车车速超过 80km/h 时自动熄火,读取故障码"P060600:控制单元损坏被动/偶发",经换件检查控制单元无故障,原地加速发动机不熄火。试车式读取数据流,燃油高压数据在急速时为 10MPa,急加速时可以达到 20MPa,混合气形成短期匹配,气缸列 1 约为 34.375%,增压压力标准值 190.4kPa,实际值只有 23.1kPa,数据流中燃油压力正常,控制单元检测到混合气过浓、增压压力不足等说明在有负荷加速时发动机混合气失调过浓。检查进气管路是否存在堵塞,当拆下中冷器到节气门段橡胶软管时,发现该管硬度不足,分析产生故障时,该软管被吸扁,堵塞了进气,将其更换后故障排除。

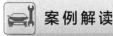 **案例解读**

"原地加速发动机不熄火",而"车速超过 80km/h 自动熄火",这是为什么呢?因为发动机在原地加速没有负荷,此时发动机需要的燃油和空气是较少的,发动机进气管路能供给足够的空气,所以不会熄火。

4.2.2 进气系统引起混合气过稀的原因

① 外面的空气经过节气门的进气总管、进气歧管、进气波纹管、真空管等处,进入进气管内。

进气总管、进气歧管安装时需使用密封垫,如图 4-5 所示,当紧固螺栓松动或密封垫损坏后,进气总管或进气歧管就会漏气。进气歧管处漏气也可能是气缸盖损坏,如图 4-6 所示,可以使用刀口尺和塞尺进行检查。

进气总管垫   进气歧管垫

图 4-5　进气管垫

图 4-6　测量气缸盖侧面平面度

进气总管和进气歧管漏气的现象不同。进气总管漏气影响所有的气缸,进气歧管漏气主要影响进气歧管所连接的气缸。进气波纹管漏气如果漏气部位在褶皱处,如图 4-7 所示,漏气可能仅仅发生在波纹管被拉长的时候,这样形成偶发性故障。

目前发动机的真空管数量不多,主要是进气歧管通向制动助力器的真空管。此真空管截面积较大,如果漏气,通常漏气量大,会引起混合气严重过稀。

图 4-7 进气波纹管

维修案例

一辆本田锋范 1.5L 轿车发动机故障灯点亮，故障码为混合气过稀。读取数据流，空燃比传感器信号为 -0.01mA，短期燃油调整为 1.45（说明混合气偏稀），长期燃油调整为 1.25，（说明已经调整到了极限），燃油系统状态为关闭，氧传感器信号为 0.74V，喷油时间 2.47ms。发动机转速 699r/min，进气歧管绝对压力值 27kPa，进气量 1.2g/s（正常值应在 2.0g/s 左右），节气门开度为 0.8°（正常值应在 2.0°左右）。数据流分析发动机进气量小，电控单元根据进气量控制喷油，分析是发动机进气管路漏气所致。仔细检查发现在制动助力真空管处存在漏气情况。排除漏气点后，故障排除。

案例解读

进气量小导致混合气偏稀，常见原因为漏气，即外面的空气未经空气滤芯和进气流量传感器进入进气管路。混合气稀还会有其他故障现象，只是电控单元对空燃比的调整使得故障现象减轻了。

如果进气总管、进气歧管、进气波纹管、真空管等处漏气，一般都会有漏气的声音，在漏气处的周围喷射积炭清洗剂，通常发动机转速会提高。真空管漏气还可以通过以下方法判断，让发动机怠速运转，用抹布包住真空管，然后用夹钳夹住真空管，如果发动机转速有明显变化，说明真空管漏气。

② 从曲轴箱通风阀、EGR 阀、炭罐电磁阀等处漏气。从曲轴箱通风阀等处漏气和进气歧管等处漏气检查方法不同，从曲轴箱通风阀等处漏气没有漏气的声音，在进气管四周喷射积炭清洗剂，发动机转速也不会变化。可以用钳子夹紧相关管子，观察发动机转速的方法进行检查。

废气再循环系统已经逐渐被新的系统代替，此处简要地介绍。如图 4-8 所示，废气再循环系统（简称 EGR）是根据冷却液温度、节气门位置、空气流量信号及 EGR 阀位置信号，精确控制 EGR 阀针阀位置，将一部分废气回送到进气歧管，并与新鲜混合气一起再次进入气缸。返回气缸的废气使混合气稀释，降低了最高燃烧温度，进而降低 NO_x 排放。EGR 阀漏气会使过多的废气进入气缸，严重影响燃烧质量。

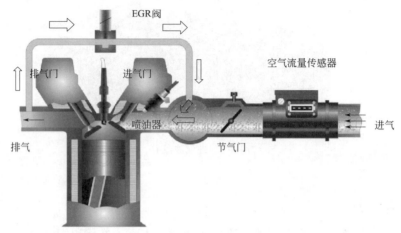

图 4-8　废气循环控制系统

4.3　排气系统为什么会影响混合气浓度？

排气系统主要作用是将气缸内燃烧的废气排到大气中，它主要包括引导废气排出的排气歧管，如图 4-9 所示，净化排气的三元催化转化器，降低噪声的消声器，等。排气歧管要防止排气出现紊流，各缸排气歧管应尽可能独立、长度尽可能相等。排气管的密封垫表面采用的材料是紫铜，紫铜材质非常柔软，可以起到良好的密封作用，如图 4-10 所示。排气消声器的作用就是通过降低、衰减排气压力的脉动来消除噪声。

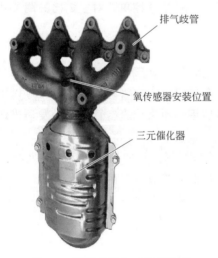

图 4-9　排气歧管和三元催化器

图 4-10　排气管接口垫

4.3.1 排气系统漏气对混合气浓度的影响

排气系统漏气的影响如下：从排气尾管处检测，废气排放量减少；排气是有一定压力的，漏出来是会发出声音；排气中有一定量未燃烧的炭粒，漏气的位置有黑烟；当漏气发生在前氧传感器之前时，例如排气歧管垫漏气，如图 4-11 所示，氧传感器不能准确检测到废气中的氧含量，废气浓度变稀后，会使氧传感器感知废气中氧含量减少，使 ECU 加浓混合气，会造成发动机怠速抖动，油耗增加的故障。排气歧管上产生裂纹漏气，有可能是由排气管路堵塞引起，排气管路由于内部压力而胀开。

图 4-11　排气歧管漏气位置

V 型发动机有两排气缸，两排气缸各连接各自的排气歧管。两排排气管路上各有前后氧传感器，如果有一处排气歧管漏气，它通常只会影响一排气缸对喷油器的控制。通过检查排气管路中，尤其是排气管接口处有无发黑的现象，可以发现排气系统有无漏气。

4.3.2 排气系统堵塞对混合气浓度的影响

排气系统堵塞主要包括：三元催化转化器堵塞和消声器堵塞。排气系统堵塞后，排气管内压力较正常情况高，部分废气回流到进气歧管，使得进气歧管真空度严重下降，压力传感器数值升高，喷油量加大，造成混合气过浓，燃烧不完全，排气可能冒黑烟。

如图 4-12 所示，三元催化转化器是安装在汽车排气系统中最重要的机外净化装置。它可将汽车尾气排出的 CO（一氧化碳）、HC（碳氢化合物）和 NO_x（氮氧化合物）等有害气体通过氧化和还原作用转变为无害的二氧化碳、水和氮气。

排气系统堵塞的程度不同，其故障现象不同。排气系统轻微堵塞，车主不易觉察，故障现象不明显，其主要体现在加速器和高速时，动力性稍逊于正常情况；中等程度堵塞，发动机怠速会抖动，驾驶车辆时会感觉到车辆动力不足；严重堵塞时，发动机无法启动或启动后熄火。有的发动机积炭严重，大修前发动机尚可以启动，大修后，排气管中积炭脱落到三元催化转化器或消声器，启动时虽能启动，但废气排不出去，发动机熄火，过段时间后，发动机又能短暂地启动。

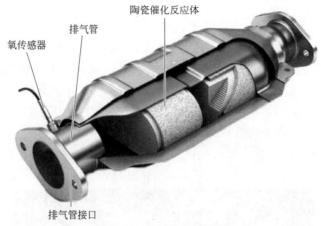

图 4-12 三元催化转化器

一辆锐志轿车出现加速不好的情况，一次行驶中慢慢熄火后无法启动。做跳火测试，正常，但是发现火花塞上湿湿的，将火花塞清理干净后，发动机启动后又慢慢熄火了。重新启动后，加速到 2800r/min，发动机很快熄火。检查中发现排气很微弱，发现消声器内部已经腐蚀堵塞了排气，更换排气管总成后，故障排除。

案例解读

消声器堵塞了，气缸内废气排不出去，那么空气也吸不进来，在发动机慢慢熄火的过程中，可以看到发动机进气量相关的数据流在不断减小。此类故障还有一个特征，发动机熄火后，等待一段时间又能启动，启动后加速运转很快自动熄火，但如果怠速运转可以不熄火或运转较长的时间再自动熄火。

一辆丰田汉兰达的发动机在清洗节气门和喷油器后故障灯点亮，读取故障代码为 P0420——催化剂系统效率低于下限值 B1，B 组后氧传感器的数值是 0.13V、0.09V、0.58V、0.60V、0.68V，数值未在 10s 内缓慢地变化，异常。主动测试增加/减少燃油喷射量 B 组后氧传感器的数值在 2s 内就从 0.05V 变到 0.89V 或从 0.89V 变到 0.05V，频率过快，异常。推测进气道和缸内积炭过多，清洗后积炭覆盖在三元催化转化器表面，造成三元催化转化器效率低，导致 ECM 误判，清洗三元催化转化器后，故障排除。

> **案例解读**

清洗发动机积炭时,要拆开排气管,以免积炭覆盖三元催化转化器表面或残余物在三元催化转化器里面燃烧,造成三元催化转化器过热损坏。

4.4 燃油供给系统怎么引起混合气过稀?

如图 4-13 所示,燃油供给系统主要包括燃油箱、燃油管路、燃油滤清器、压力调节器,油管等。燃油供给系统引起混合气稀的主要原因是存在堵塞或泄漏。油路堵塞或泄漏导致燃油压力过低,电控单元 ECU 根据进气量控制喷油器的接通时间,同等时间内燃油压力越低喷油量越少,喷油量少导致混合气稀薄。通过检查燃油压力的方法进行判断燃油供给系统是否存在故障。

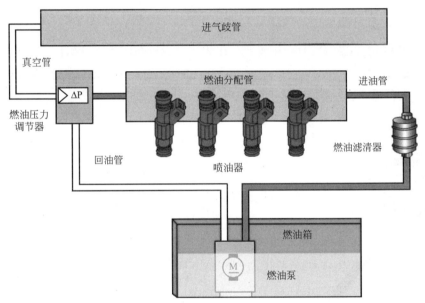

图 4-13 缸外喷射发动机燃油供给系统

4.4.1 测试燃油压力的方法

缸内喷射发动机的低压燃油管路和缸外喷射发动机燃油管路压力测试方法基本相同,缸内喷射发动机的高压燃油管路压力可以用诊断仪检查。

① 泄压。在拆卸油管之前,应擦除滤清器进出油管接口处的污物。通过断开燃油泵保险丝、燃油泵继电器或燃油泵连接器(如图 4-14 所示)等方法,断开燃油泵电路。启动发动机,待发动机自动熄火后,关闭点火开关。再次启动发动机,确认发动机不启动。

图 4-14 燃油泵连接器

 技师提示

发动机启动后待其自动熄火,重复2~3次。在等待发动机自然停止时,不要提高发动机转速或行驶车辆。进行卸压之后,燃油管路中保留部分压力。断开燃油管路时,用棉丝抹布或一块布盖住,以防燃油喷出或涌出。

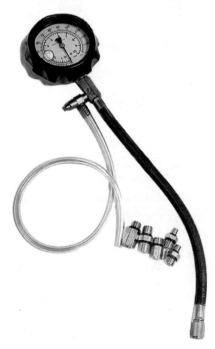

图 4-15 燃油压力表

② 安装压力表。卸压后,准备安装如图 4-15 所示的燃油压力表。把燃油压力表安装到燃油压力表适配器上。压力表一般安装于燃油滤清器的出油口或燃油分配管的进油口处,带测压口的车辆可将燃油压力表连接至测压口处。

③ 检查是否泄漏。将点火开关转到 ON 位置,不启动发动机,此时发动机燃油泵会工作几秒钟,检查燃油是否泄漏。

④ 读取压力值。读取燃油压力表上的读数,怠速时一般为250kPa,检测怠速工作压力时,拔下真空管时油压应上升至300kPa。关闭发动机,检查燃油压力表读数的变化,5min 内压力表读数下降不能超过规定值。例如,卡罗拉1ZR 发动机标准燃油压力为 304~343kPa,发动机停机 5min 后燃油压力不低于147kPa。

⑤ 拆卸燃油压力表,安装油管,重新检查燃油是否泄漏。

技师提示

在拆卸油管后,应用碎布将进油管和出油管堵住,避免污物进入油管内污染燃油,加剧喷油器的磨损或造成喷油器堵塞。燃油箱内燃油严重不足时,不要运转发动机,防止未燃混合气进入三元催化转化器后对其造成损坏。避免橡胶或皮制零件接触到汽油。作业位置附近不能有任何火源及高温设备。

维修案例

一辆大众 CC 轿车在行驶中熄火,熄火后发动机无法再次启动。读取到故障码 P0087——燃油压力系统过低,静态:P1250——燃油液位过低。检查燃油油位正常,读取油压数据,高压为 0.70MPa(正常值为 4.00MPa 左右)。测量低压油压为 0.08MPa,也低于标准值。推断故障原因是燃油管路存在堵塞或泄漏,或是燃油泵故障。检查燃油管路,发现燃油泵上的吸油管插接器连接不牢固,将油管重新安装牢固,故障排除。

案例解读

这种"内部漏油"是没有漏油痕迹的,燃油泵的电路也是正常的,但是燃油压力是不足的,通过检测燃油压力可以快速地锁定故障。

4.4.2 燃油滤清器引起混合气过稀的原因

在燃油箱内有一只滤网,它可以过滤较大的杂质,而燃油滤清器主要功能是滤除燃油中较小的杂质。燃油滤清器串接在燃油泵和喷油器之间,其内部有滤纸起到过滤作用,如图 4-16 所示,燃油滤清器上标有燃油流动方向,不能装反。一般车辆每行驶 4 万~6 万公里就需要更换燃油滤清器,如果燃料杂质含量大或滤纸长期不更换,燃油滤清器内部的滤纸容易堵塞。燃油滤清器内部堵塞限制了燃油流动,所以造成燃油压力过低。

燃油滤清器如果堵塞,将其拆卸以后,将残余的汽油倒入干净的油盆中,可以看到很多

图 4-16 燃油滤清器

脏污的汽油杂质。

一辆雪佛兰科鲁兹轿车出现加速无力，最高车速只能达到 85km/h。检查发现无故障代码，检查怠速时燃油压力为 250kPa，加速后油压升高至 300kPa 左右，属正常。跳火测试正常，检查喷油器没有堵塞。检查空气流量，怠速时空气质量流量为 4.2g/s，加速至故障出现时空气质量流量为 58g/s，数据基本正常。再次连接燃油压力表检查，加速至故障出现时，发现燃油压力表指针在 200kPa，说明燃油泵供油不足或油路出现堵塞，拆检燃油滤清器，发现该滤清器非常脏污，将其更换后故障排除。

燃油滤清器属于汽车上的耗材，如果到了一定行驶里程就更换，不至于产生加速无力的故障，只是一次使用的里程过长，时间长出现了疏忽，所以建立"客户档案"非常重要。

有些燃油滤清器内部有燃油压力调节器，如图 4-17 所示，如果燃油压力调节器故障，或使用了不同型号的燃油滤清器，可能会造成燃油压力过低或过高，进而使混合气浓度过浓或过稀。

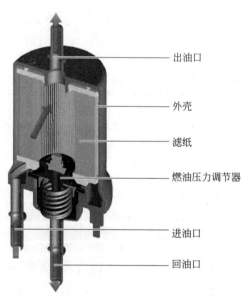

图 4-17 带有压力调节器的燃油滤清器

4.4.3 燃油压力调节器引起混合气过稀的原因

燃油压力调节器有两个作用，分别是调节燃油压力和使燃油压力保持恒定。有长回油路的燃油压力调节器的结构如图4-18所示，它是由真空管接头、弹簧、阀门等组成。燃油压力调节器功能是使燃油管路与进气歧管之间的压力差保持恒定的0.25～0.30MPa，这样ECU控制喷油器通电时间长短就可以精确控制喷油量。

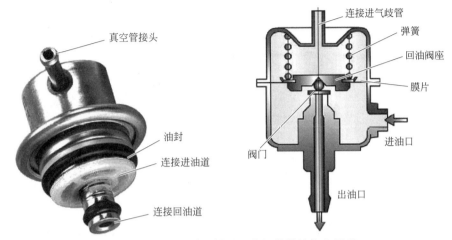

图4-18　长回油路的燃油压力调节器结构和原理

这种燃油压力调节器如果膜片破裂，则部分燃油通过真空管进入气缸，造成混合气过浓；如果调节器内弹簧折断或弹力减弱，阀门开度变大，回油量增多造成燃油压力下降，则混合气变稀。

为了保证能提供足够的燃油压力和油量，必须提供比实际需要更多的油量，这使燃油多次往返流动而升温，因而会造成燃油箱内产生大量的燃油蒸气。为了减少燃油箱内产生燃油蒸气，很多汽车采用了短回油路燃油供给系统。短回油路燃油供给系统的压力调节器如图4-19所示，它没有和真空管连接，无论发动机工况如何，压力调节器保持稳定的压力。ECU快速改变喷油器的脉冲宽度来适应当前工况的燃油量。这种燃油压力调节器弹力减弱也会造成回油量增加，油压下降。

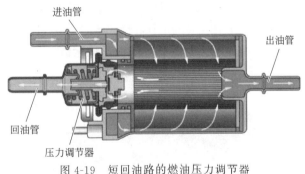

图4-19　短回油路的燃油压力调节器

4.4.4　燃油箱盖引起混合气过稀的原因

燃油箱内的燃油随着燃油的消耗，油位自然下降，这时为了保持油箱内外压力的平衡，在油箱盖上有空气阀,当燃油箱内油位下降,外面的空气通过空气阀进入油箱(图 4-20)。当空气阀发生堵塞时,外面的空气无法补充进来,燃油箱内的负压随着油位下降越来越大,最终影响燃油泵泵油,使燃油管路中的油压下降,甚至吸瘪燃油箱,给燃油箱造成损坏。发生上述故障时,打开油箱盖会感觉有吸力,吸瘪燃油箱发出回弹"嘭"的声音。

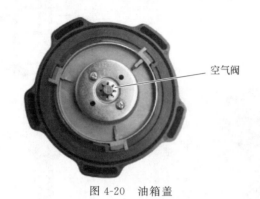

图 4-20　油箱盖

4.5　传感器为什么会影响混合气浓度?

4.5.1　空气流量传感器影响混合气浓度的原因

空气流量传感器(简称为空气流量计)将吸入发动机的空气量转换成电信号送至 ECU,作为确定基本喷油量和基本点火提前角的主要依据之一。目前,最常用的是热膜式空气流量传感器,热膜式空气流量传感器内有热膜铂丝,进气管内的空气经过热膜铂丝时,带走其热量使其温度下降,此时与铂丝相连的桥式电路将改变电流,以保持铂丝温度恒定,维持电桥平衡。所以,进入进气管的空气流量发生变化时,流过铂丝的电流也随之发生变化,ECU 通过电量的变化得到空气流量。如图 4-21 所示,热膜式空气流量计上有进气栅格,它的作用是改变进气气流的路径,从而避免空气在进气道内形成紊流。

图 4-21　空气流量传感器

2016 款卡罗拉发动机空气流量传感器损坏或失准，电控单元无法得到准确的空气量信号，电控单元就不能准确地控制喷油器通电时间，喷油量就会过多或过少，此时混合气会过浓或过稀。

电路如图 4-22 所示，空气流量传感器和进气温度传感器集成在一起，该传感器总成 1 号和 2 号引脚连接进气温度传感器，3 号引脚连接+B（12V 电源），4 号引脚连接空气流量传感器搭铁线，5 号引脚连接空气流量传感器信号线。检查空气流量传感器方法如下，需注意检查电路之前应检查进气管路有无泄漏，检查传感器本身是否有明显损坏，连接器是否正常。

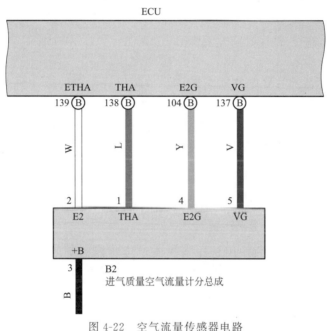

图 4-22 空气流量传感器电路

① 断开点火开关，拔下该传感器的连接器，打开点火开关，检查线束端的连接器 3 号引脚应该为 12V，否则根据电路维修手册，检查 EFI 保险丝、EFI MAIN 继电器和相关线束。

② 断开点火开关，拔下该传感器的连接器、ECU 连接器，分别检查 ECU 和该传感器之间的两条导线，其阻值不应大于 1Ω，否则说明连接不良或断路，需要维修或更换线束。

分别检查上述两条导线之间的阻值和电源线、搭铁线之间的阻值，阻值应为无穷大，否则说明线束短路，需要维修或更换线束。

③ 连接空气流量传感器和 ECU 的连接器，启动发动机或打开点火开关向进气管内吹气，通过空气流量传感器连接器后端检查信号线的信号电压（应随进气量发生变化），与维修手册提供的信号电压对比，判断信号是否正常，如果不正常说明空气流量传感器损坏。通过诊断仪读取空气流量传感器信号的数据，与维修手册提供的数值对比，也能判断空气流量传感器是否损坏。

检查传感器和执行器时，通常都需要检查以下部分：传感器本体是否明显损坏；检查电源 12V（10.5~12.5V）或 5V（4.5~5.5V）是否正常，当电源为 0V 时，需要检查电控单元的电源搭铁电路是否良好，或检查为 12V 提供电源的电路；检查导线是否断路；检查导线是否短路；检查信号是否随发动机工况变化，或对比信号和维修手册提供的数据，判断信号是否正常。下面介绍传感器和执行器电路检查时，不再赘述。

 技师提示

一般发动机怠速时进气流量为2.0～4.0g/s,如果进气量小于2.0g/s，可能进气系统有泄漏，如果大于4.0g/s，可能发动机负荷过大。

 维修案例

一辆雪佛兰爱唯欧轿车发动机故障灯亮，发现故障码 P0172——混合气过浓。怠速时查看其数据流，长期燃油修正量为-27%，空气流量为 2.86g/s，而根据发动机转速、进气温度及压力计算出的空气流量却为 2.26g/s，误差达 0.6g/s。检查空气流量计时发现，空气滤清器壳体少了进气栅格，更换空气滤清器壳体，故障排除。

 案例解读

空气流量传感器前格栅的作用是让空气流量传感器监测的数值更准确。如果空气流量传感器前格栅中间变形导致空气经过前格栅时产生涡流，造成空气流量传感器监测到的进气量比实际进气量少，混合气过稀。而案例中因为缺进气栅格，发动机出现了混合气过浓。

4.5.2 进气歧管绝对压力传感器影响混合气浓度的原因

进气歧管压力受发动机转速、节气门开度、空气温度、大气压力（BARO）和涡轮增压器输出等因素影响。进气歧管绝对压力传感器（也简称进气压力传感器），它安装在节气门的后方，用于测量进气歧管的绝对压力。ECU 根据测量到的进气歧管、发动机转速和节气门开度信号，换算出相应的空气流量。有的发动机上既安装了空气流量计，也安装了进气压力传感器，其测量进气量以空气流量计为主。如图 4-23 所示，进气歧管压力传感器由硅膜片、应变电阻、壳体等组成。发动机工作时，进气管负压作用在硅膜片上，硅膜片因而产生变形。硅膜片的变形，使在硅膜片上电阻的阻值改变，导致惠斯顿电桥输出的电压变化。传感器上的集成电路将电压信号放大处理后，作为进气管压力信号送到电控单元，此信号成为电控单元计算进入气缸空气量的主要依据。

进气压力传感器损坏或失准，引起混合过浓或过稀的原理与空气流量计类似，所以检测进气压力传感器必须检查进气管路有无漏气。2016 款威朗 LFV 发动机进气压力传感器电路如图 4-24 所示，进气压力传感器和空气温度传感器集成在一起，其中传感器总成 1 号引脚是空气温度传感器向控制模块提供温度信号。发动机控制模块（ECM）向进气压力传感器2号引脚提供5V稳压电源，并向其3号引脚提供搭铁。进气压力传感器通过4号引脚和导线向ECM提供歧管压力信号。不带进气温度传感器的进气压力传感器检查方法和上述类似，检查时可以参考电路如图4-25。

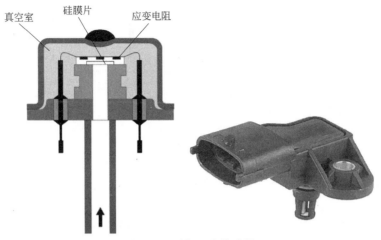

图4-23 进气压力传感器

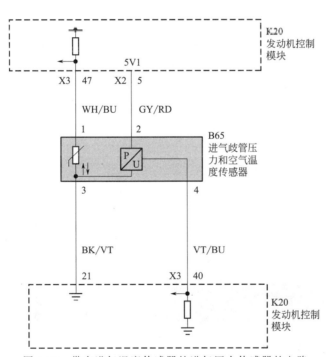

图4-24 带有进气温度传感器的进气压力传感器的电路

检查进气压力传感器前，检查进气管路及曲轴箱通风管等是否漏气。检查进气压力传感器时，可以使用真空管连接进气压力传感器，然后将真空管连接真空枪，施加真空压力。检查进气压力传感器信号是否正常。有的进气压力传感器通过真空管连接发动机进气管，检查该传感器时，需要检查真空管是否漏气和堵塞。

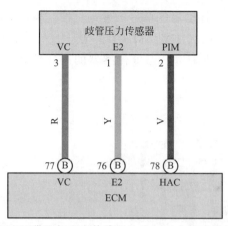

图 4-25 不带进气温度传感器的进气压力传感器的电路

4.5.3 温度类传感器影响混合气浓度的原因

发动机温度传感器主要有冷却液温度传感器（也称为水温传感器）和进气温度传感器（有的维修手册称为空气温度传感器）。如图 4-26 所示，发动机冷却液温度传感器将冷却液温度转化成电信号传给 ECU，ECU 收到该信号后，修正喷油量和点火时刻等。冷却液温度传感器信号失准或损坏，ECU 无法准确控制喷油量，混合气将出现过浓或过稀。

冷却液温度传感器内部装有负温度系数的热敏电阻，当发动机冷却液温度逐渐升高时，热敏电阻的阻值将逐渐减小；反之，当冷却液温度逐渐降低时，热敏电阻的阻值将逐渐增大。有些发动机有多个冷却液温度传感器，除了给 ECU 提供冷却液温度信号，其他冷却液温度传感器用于冷却液温度信号，控制冷却风扇启动时刻或运行挡位。

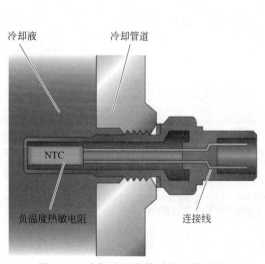

图 4-26 冷却液温度传感器工作原理

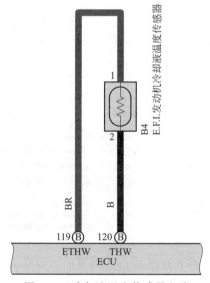

图 4-27 冷却液温度传感器电路

卡罗拉 1ZR 发动机冷却液温度传感器电路如图 4-27 所示，它有两条导线连接 ECU，除了检测其电路外，还需要检测其性能。可以利用热吹风机改变进气温度，用温度计测量其温度，将测量值对比维修手册提供的数值来判断其好坏，维修手册提供的数值如下，在20℃时，电阻为2.32～2.59kΩ，在80℃时，电阻为0.31～0.32kΩ。

> 冷却液正常的温度为80～105℃，如果低于80℃，说明发动机冷却系统散热不正常或冷却液温度传感器有故障。

进气温度传感器测量发动机进气温度，它通常集成在空气流量传感器或进气歧管压力传感器中。进气温度传感器能检测进入发动机空气的温度，补偿由于进气温度变化而导致的空气密度的变化，准确计算进气量，修正喷油量和点火时刻等。

> 当进气温度传感器损坏，发动机电控单元以19.5℃为后备值。如果读值在19.5℃不变化，可能进气温度传感器信号有故障。

有些发动机有多个进气温度传感器，电控单元通过对比多个进气温度传感器的信号，来检测进气温度传感器有无损坏。检测进气温度传感器电阻时，可以参考冷却液温度传感器的检查方法，将测量值对比维修手册的值，来判断进气温度传感器是否损坏。

一辆奥迪A6L轿车出现冷车启动困难。检查低压系统油压，车辆怠速时低压油路油压530kPa，熄火等待10min后低压油路油压389kPa正常。读取该车冷却液数据流，故障车辆冷却液温度不稳定，在15～50℃之间跳动。拆卸冷却液温度传感器后，发现传感器部分已断裂在缸体里，更换冷却液温度传感器后故障排除。

检查温度类传感器可以使用红外线测温仪，将测量结果和数据流中数据进行比较。冷却液温度传感器是重要的修正信号，其出现故障对发动机燃油混合气的浓度，发动机点火提前角等都有很大的影响。

4.5.4 氧传感器影响混合气浓度的原因

混合气在气缸中燃烧后成了废气，浓混合气燃烧后废气中氧含量少，稀混合气燃烧后废气中氧含量多,所以通过检测排气中氧的含量就能判断出混合气的浓度。氧传感器分为前氧传感器和后氧传感器。由于目前发动机大多使用缸内喷射,要实行稀薄燃烧控制,所以要求前氧传感器的性能特别高,所以前氧传感器大多采用宽频氧传感器(也称为空燃比传感器)。

前、后氧传感器的外观基本一致,如图4-28所示。前、后氧传感器分别安装在三元催化转化器前、后端,它们检测废气中氧的含量,并将其转换成电压信号。电控单元根据前氧、后氧传感器信号来修正喷油量,最高修正喷油量达20%左右,电控单元对比前、后氧传感器信号来判断三元催化转化器是否损坏。

氧传感器影响混合气浓度的原因。氧传感器容易积炭、铅中毒,氧传感器积炭或铅中毒后其信号会失准。电控单元接收不到准确的氧传感器信号,将不能发出准确的喷油量修正指令。氧传感器的故障并不会影响发动机冷启动、急加速等

图4-28 氧传感器

工况,因为在发动机冷启动、急加速等工况,发动机电控单元对喷油量不采取闭环控制,而是采取开环控制。

怀疑氧传感器有故障时,可以用以下的检查方法:

① 读取氧传感器的数值。氧传感器的数值在0.00~1V之间不断变化,此参数显示从加热型氧传感器至控制模块的电压输出值。如果氧传感器电压为0.1~0.3V,表示排气较稀,排气中含氧气比较多。如果氧传感器电压为0.7~1.0V,表示排气较浓,排气中含氧量较少。氧传感器的数值应该是在0.5V左右不断变化的,如果一直小于0.5V或大于0.5V,需要检查系统过浓或过稀的原因。需要注意如果氧传感器为0.45~0.5V不变化或变化缓慢,说明氧传感器不工作或工作不正常。奥迪发动机氧传感器对混合气的修正量在-10%~+10%之间。

短期燃油调整的数值范围为-5%~+5%,它是电控单元根据氧传感器信号来设定的,如果氧传感器指示空气/燃油混合气过稀,控制模块将增加燃油供应,将短期燃油调整提高到0以上。如果氧传感器指示空气/燃油混合气过浓,控制模块将减少燃油供应,将短期燃油调整降低到0以下。长期燃油调整:长期燃油调整的数值范围为-25%~+25%,它是电控单元根据短期燃油调整信号来设定的。通过观察长期燃油修正值,可以查找电控系统过浓或过稀的原因。

人为喷入积炭清洗剂制造混合气过浓,或人为制造进气管漏气,观察以上数值是否发生改变,以此来判断氧传感器是否灵敏。

② 检查氧传感器的电路。卡罗拉1ZR发动机前氧传感器和后氧传感器的电路如图4-29和图4-30所示,氧传感器一般都带有加热器,检查氧传感器+B,应该12V左右,检查所有的导线应没有断路和短路。检查氧传感器的屏蔽线应正常完整。

③ 检查氧传感器。前氧传感器1号和2号引脚连接内部的加热器,检查加热器的电阻应为1~5Ω,拆卸氧传感器,观察氧传感器应无积炭,颜色红褐色。

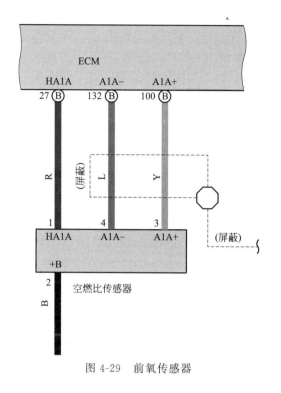
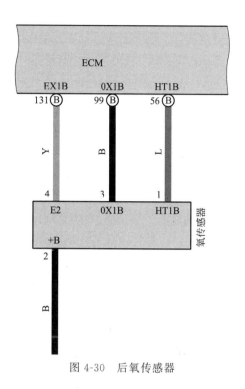

图 4-29 前氧传感器　　　　　图 4-30 后氧传感器

4.5.5 燃油压力传感器影响混合气浓度的原因

缸内喷射发动机燃油压力传感器包括高压燃油压力传感器（也称为油轨压力传感器）和低压燃油压力传感器。高压燃油压力传感器能将燃油导轨内的压力转换为电信号传给控制单元 ECU。控制单元 ECU 分析高压燃油压力信号，控制高压燃油泵的调节阀和喷油器。如果高压燃油压力传感器失灵，发动机控制单元以一个固定值控制燃油压力调节阀。

发动机控制单元根据低压燃油压力信号控制低压燃油系统中的压力。根据不同的发动机，燃油压力在 0.5～5bar 之间。如果低压燃油压力传感器失灵，发动机控制单元将用固定脉冲宽度调制信号来控制电动燃油泵，低压燃油系统中的压力将会升高。

高压燃油压力传感器工作原理如图 4-31 所示，当燃油通过测压口流向高压燃油压力传感器，传感器内电阻应变片形状和电阻发生改变，进而引起惠斯顿电桥输出端的电压变化，通过集成电路的处理，使信号端输出的电压发生变化，电控单元 ECU 便根据此电压计算出当前的燃油压力。高压燃油压力传感器失灵后，混合气将出现过浓或过稀。低压燃油压力传感器和高压燃油压力传感器原理类似，在此，不再赘述。

高压燃油压力传感器电路如图 4-32 所示，发动机控制单元给传感器供电，供电电压5V，燃油压力升高时电阻降低，于是信号电压升高，可以在不同油压下测量其信号电压。低压燃油压力传感器电路如图 4-33 所示，检测时，可以检测其电源和搭铁之间的电压应为5V，端子连接的导线没有断路和短路。

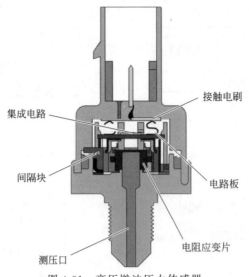

图 4-31 高压燃油压力传感器

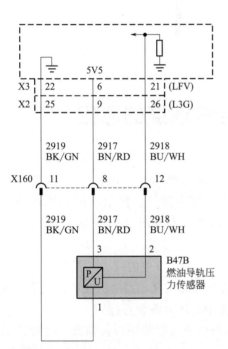

图 4-32 高压燃油压力传感器电路

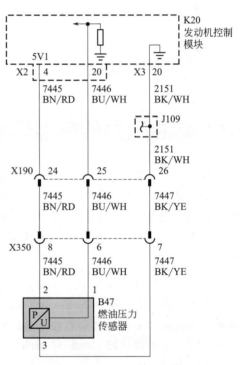

图 4-33 低压燃油压力传感器电路

维修案例1

一辆宝马 X6 汽车在行驶中突然熄火，启动无任何迹象。在起动机运转时观察燃油高压部分的油压，油轨压力为 21.30MPa，标准为 17.33MPa，发现故障码 2BF8——油轨压力传感器故障。检查油压传感器的线路不存在短路或断路，更换油压传感器，故障排除。

维修案例2

一辆奥迪 A6L 2.0TSI 轿车发动机无法启动。读取燃油系统低压部分油压，发现油压为 0。拆检低压油泵时发现燃油箱已空，原因是油位传感器卡滞，油量表指示不准确。加入燃油后再次测量低压部分油压，发现油压为 300kPa，正常。试车，仍无任何着车的迹象。测量点火波形，正常。测量喷油脉冲，发现当起动机刚运转时，喷油脉冲正常，但很快就消失了。说明此时发动机电控单元主动采取了断油措施。进一步测量高压部分油压，发现油压为 0。分析认为这是由于高压油泵在启动时转速较低，不易排出刚才无油时进入油道的空气。取下高压油轨上的油压传感器后，运转起动机，让油道中的空气充分排出后再将其装回。再次测量高压部分油压，发现此时油压为 6.5MPa，正常。启动发动机，顺利着车。更换油位传感器后试车，故障排除。

4.6 执行器为什么会影响混合气浓度？

4.6.1 电动燃油泵影响混合气浓度的原因

如果常等到燃油警示灯亮起后才到处寻找加油站，油泵寿命可能会大大降低。电动燃油泵是靠燃油自身进行冷却，如果油位过低，极有可能出现油泵过热甚至烧毁的情况。电动燃油泵的结构如图 4-34 所示，使用久了以后电动燃油泵电枢、电刷或单向阀会出现损坏。缸

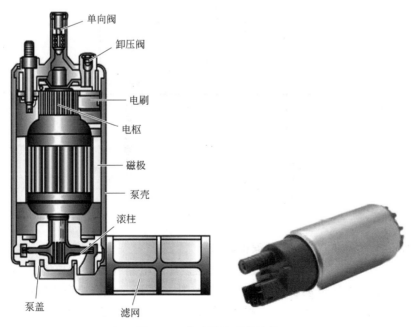

图 4-34 电动燃油泵的结构

外喷射的发动机，其电动燃油泵可能会不工作或提供不了足够高的油压，当燃油泵工作不了，发动机不久就会熄火。当电动燃油泵提供不了足够高的油压时，发动机的混合气会过稀，动力性不足。

缸内喷射的发动机，其低压燃油泵也是采用电动燃油泵，电动燃油泵出现故障后，故障现象和缸外喷射的发动机基本相同，但由于缸内喷射的发动机有高压的机械泵，电动燃油泵出现故障后，其发动机运行到熄火的时间比较长。当发动机突然工作不了，油压逐渐下降，发动机熄火前的混合气都会过稀，发动机会出现与混合气相关的故障现象。

(1) 燃油压力偏低时，电动燃油泵的检查

可以夹持燃油油压检查表出口，排除其他原因的影响，此时如果油压还是较低，可能是电动燃油泵出口漏油，电动燃油泵本身损坏，电动燃油泵电路故障。可以先拆检看电动燃油泵出口是否漏油，检查电路是否有接触不良，再更换电动燃油泵检查。

例如，2016款卡罗拉1ZR发动机电动燃油泵控制电路如图4-35所示。该电路中燃油泵ECU 1号和4号端子为燃油泵ECU提供电源和搭铁；燃油泵ECU 2号端子连接电控单元ECU，是电控单元ECU传给燃油泵ECU的信号线；当出现燃油压力过低时，需要检查燃油泵ECU 5号端子上所连的线束有无接触不良，连接器内引脚是否脏污、松动。

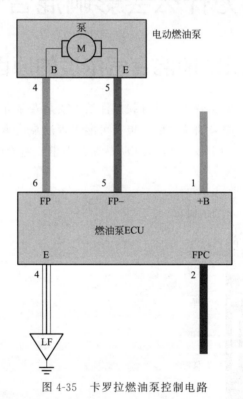

图4-35 卡罗拉燃油泵控制电路

(2) 燃油压力为零时，电动燃油泵的检查

当燃油压力为零时，通常是电动燃油泵已经损坏、电路有故障或控制燃油泵的ECU发生故障。2016款威朗汽车电动燃油泵控制电路如图4-36所示，其检查步骤如下。

① 检查电动燃油泵（图中为A7燃油泵和油位传感器总成）和燃油泵ECU（图中为K111燃油泵驱动器控制模块）之间的导线电阻应小于2Ω，否则应维修或更换线束。

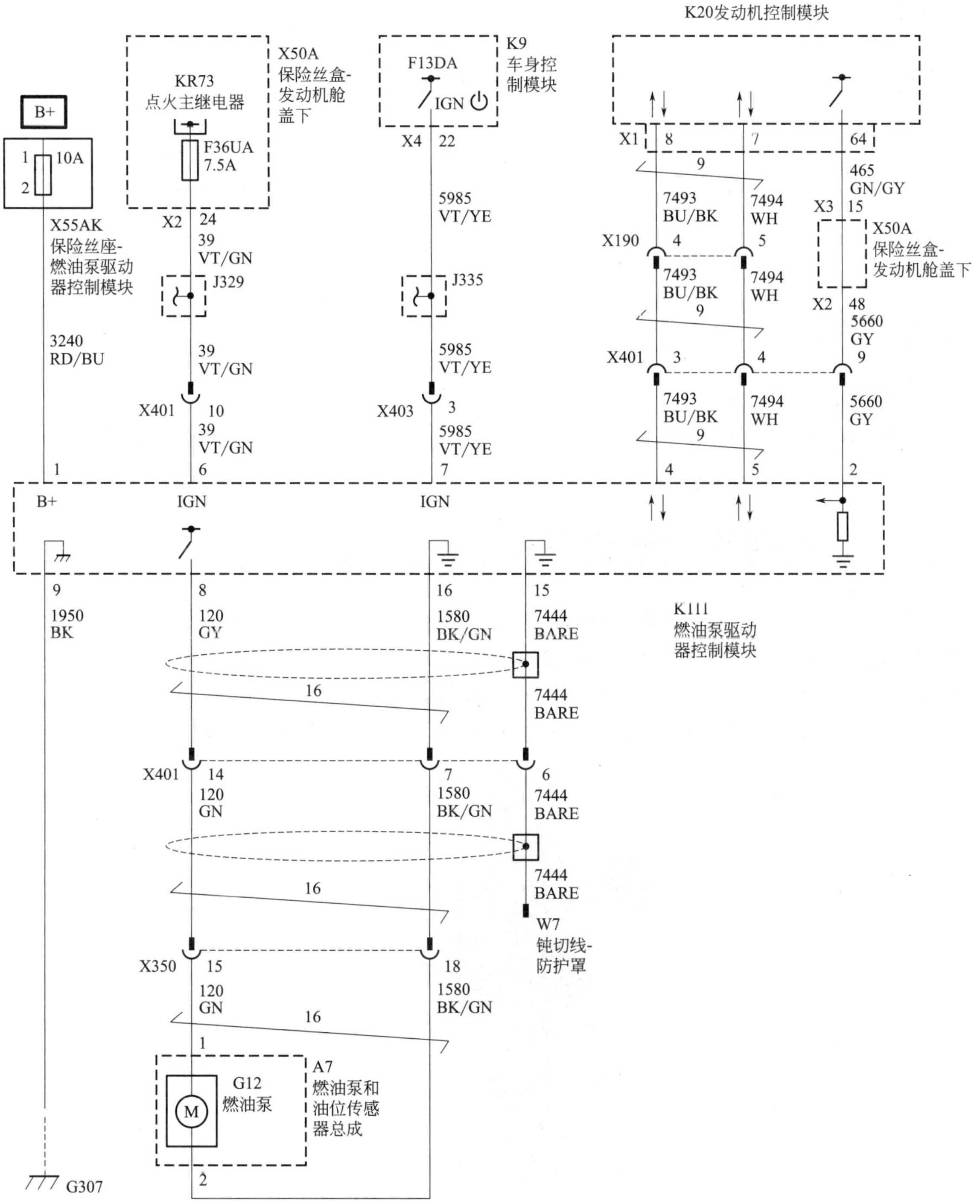

图 4-36 威朗汽车燃油泵控制电路

② 让一个测试灯代替电动燃油泵,用诊断仪开启和关闭"燃油泵启用"指令,确认测试灯点亮或熄灭。如果正常,则更换电动燃油泵进行检查,如果异常,检查燃油泵 ECU 的电源线、搭铁线、信号线等。

> **维修案例**
>
> 一辆本田思域 L15B8 型发动机多次在行驶中熄火,这次发动机熄火后,无法启动。连接诊断仪,未发现故障代码,问诊车主,发动机是逐渐熄火的,已经更换过低压燃油泵,检查数据流中燃油压力为 0MPa,推断故障可能由油路引起。检查燃油泵供电电压为 0V,试换油泵继电器,故障依旧。仔细检查继电器插座,发现继电器插座电源输出插孔内铜片松旷,询问车主是之前加装过音响,在此处连接电源线所致。修复插孔内松旷的铜片,故障排除。

> **案例解读**
>
> 根据维修经验"快速自动熄火,电路故障;慢慢熄火油路故障"(也是故障机理)判断,该案例属于"油路"故障。"油路"就是指发动机燃油供给系统,包括燃油管路、燃油泵、燃油、喷油器等。"油路"很明显也有电路,但其出现故障也符合上述经验。

4.6.2 喷油器影响混合气浓度的原因

缸外喷射发动机和缸内喷射发动机的喷油器功能是一样的,电控单元 ECU 通过控制喷油器通电时间来控制喷油量。喷油器的结构如图 4-37 所示,主要由燃油滤网、电磁线圈、阀体、阀座、复位弹簧等组成。当喷油器的电磁线圈接通电流时,线圈产生电磁力吸引阀体,当电磁吸力大于复位弹簧的弹力,阀体上升阀门被打开,燃油便从喷孔喷出。

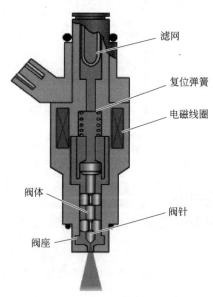

图 4-37 喷油器结构和原理

缸内喷射的喷油器(也称为燃油喷射器)安装在气缸盖的吸气和进气口,且直接把燃油喷进燃烧室。由于喷油器位于燃烧室中,直接喷油需要高的燃油压力。为了获得高的燃油压力，喷油器还需要更多电源。发动机控制模块向每一个喷油器提供高电压电源电路和高电压控制电路。喷油器高压电源电路和高压控制电路都由发动机控制模块控制。发动机控制模块通过搭铁控制电路为各喷油器通电。发动机控制模块使用65V左右电压控制各喷油器。发动机控制模块中的升压电容控制此操作。在65V左右升压电容下，电容器通过喷油器放电，使喷油器初步打开，之后喷油器在12V电压下保持开启。喷油器结构如图4-38所示，ECU控制电磁线圈通电，衔铁带动针阀打开，喷油器虽然只有一个喷孔，但是它能在短时间内喷出大量燃油。

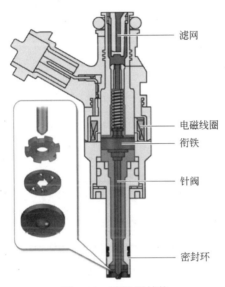

图4-38 喷油器结构

喷油器漏油会造成混合气过浓，喷油器堵塞会造成混合气过稀或雾化不良。2016款卡罗拉1ZR发动机喷油器电路如图4-39所示。当喷油器不工作时，可以检查喷油器的电路。当喷油器堵塞时，可以用内窥镜检查。熄火后检查其燃油压力，当油压下降过快时，有可能是喷油器漏油所致。当喷油器漏油或堵塞时，需将喷油器拆卸下，使用专门的清洗检测仪来进行清洗检测。

技师提示

发动机每次循环的喷油时间，怠速时正常值为2.0~5.0ms，如果小于2.0ms，可能是炭罐清除比例高，如果大于5.0ms，发动机负荷过大。

维修案例

一辆大众新捷达轿车行驶在颠簸路面时偶发自行熄火，读取故障代码为"1~4缸燃油喷射器电路电气故障，1~4缸燃油喷射器对地短路，主动/静态"，检查发现为四个喷油器供电的保险丝SC31熔断，保险丝熔断说明存在短路的情况。检查喷油器线路，发现空气滤清器处的喷油器线束磨破，修复线束后，故障排除。

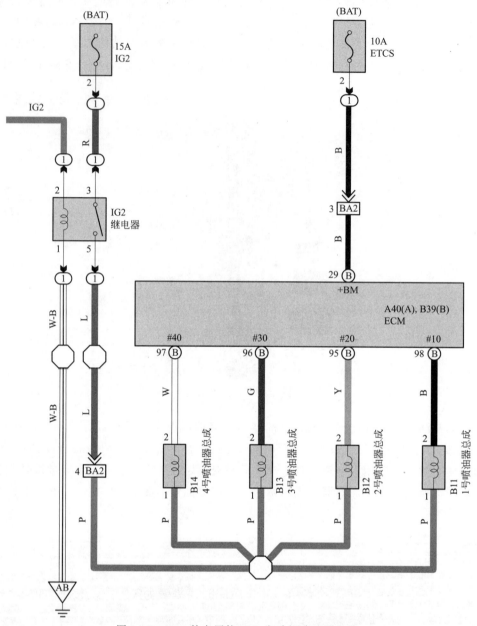

图 4-39 2016 款卡罗拉 1ZR 发动机喷油器电路

案例解读

喷油器电路短路会使保险丝立马熔断，也导致发动机马上停止供油，发动机马上熄火。这种故障有点类似点火系统的故障，此时不要"误入歧途"，将"维修经验"和故障现象、故障代码等综合考虑。

4.6.3 燃油压力调节器影响混合气浓度的原因

缸内喷射发动机所需的高压燃油由高压燃油泵提供，高压燃油泵是机械式的，如图 4-40 所示，燃油压力调节器安装高压燃油泵上，它用来调节泵油压力。为保证发动机在任何工作条件下都可以高效运行，发动机电控单元 ECU 根据发动机转速和负载的不同，请求 2~15MPa 的压力。发动机电控单元 ECU 为燃油压力调节器提供一个 12V 脉宽调制（PWM）信号，该信号通过在泵行程期间的特定时段打开和关闭控制阀来调节燃油压力。

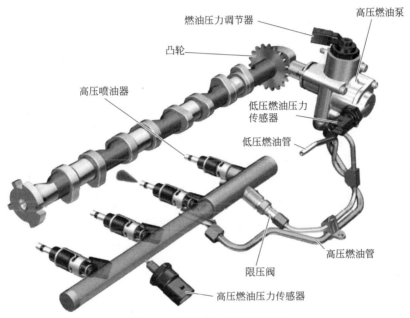

图 4-40 燃油压力调节器位置

燃油压力调节器调节油压失准时，定会影响高压燃油压力，进而影响混合气浓度。2016 威朗轿车燃油压力调节器电路如图 4-41 所示，燃油压力调节器端子 2 连接电控单元 ECU 输出的脉冲电源，端子 1 连接电控单元 ECU 为燃油压力调节器提供的搭铁，可以使用诊断仪"动作测试"检查燃油压力调节器能否工作，不能工作时，检查所连的两条导线是否断路或短路。燃油压力调节器能工作时，使用诊断仪对比实际油压和所需油压是否相差过大，如果油压相差过大，用换件法检查燃油压力调节器。

一辆宝马 X5 出现车辆启动困难，无怠速，车辆显示"发动机功不冉提供全部功率"的故障。读取故障代码为燃油的高压压力过低。检查燃油低压系统，无故障。读取燃油高压系统的数据流，油轨压力为 0.72MPa，油轨压力标准值为 5.01MPa。高压的油轨压力明显过低，拆检高压油泵，发现驱动高压油泵的挺杆完全损坏。挺杆损坏致使高压油泵内部的活塞工作行程不够，产生的高压燃油压力则达不到规定的燃油压力。更换挺杆后，故障排除。

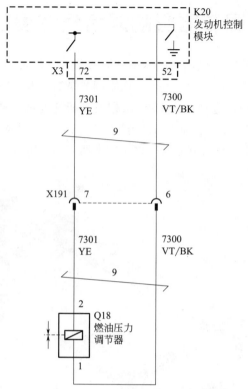

图 4-41 2016 威朗轿车燃油压力调节器电路

 案例解读

燃油压力调节器调节油压是"微调",不至于将油压从 5.01MPa 调压到 0.72MPa,所以燃油系统的压力不是被调低了,而是没有建立足够高的燃油压力。"建压"就属于高压燃油泵的功用,所以可以推断出是燃油泵的故障。

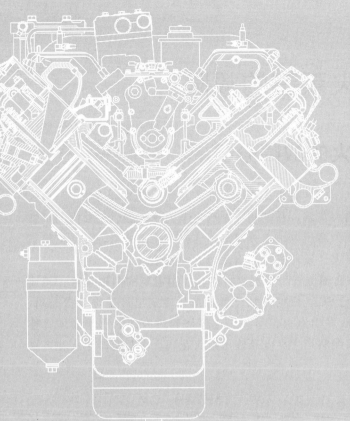

第 5 章

电控系统故障分析

导 读

　　发动机电控子系统越来越多，每一个电控子系统都是由传感器、执行器和电控单元ECU组成，电控系统又是以其他机械元件或电气元件为基础，因此，基础元件、传感器、执行器甚至其他相关元件都会影响电控系统的工作。掌握电控系统典型的故障或主要元件对排除故障大有益处。

5.1 如何分析点火系统的故障?

5.1.1 点火系统引起熄火的故障分析

点火系统的作用是将电源供给的低压电转变为高压电,并按照发动机的做功顺序与点火时间的要求适时、准确地配送给各缸的火花塞,在其间隙处产生电火花,点燃气缸内的可燃混合气。当点火系统不能将低压电转变为高压电,点火时刻不佳或不能点火时,发动机将不能启动。而当点火系统出现偶发性不点火,发动机将会出现熄火的故障。

点火系统工作原理如图 5-1 所示,曲轴位置传感器等将点火控制需要的曲轴位置、转速等信号传输给电控单元 ECU。电控单元 ECU 根据曲轴位置等信号确定出最佳点火提前角,并在适当时刻向点火线圈-点火模块总成发出点火信号。点火模块通过内部的功率晶体管控制点火线圈初级电路周期性通断,点火线圈产生高电压输送给火花塞,火花塞产生火花点燃可燃混合气。

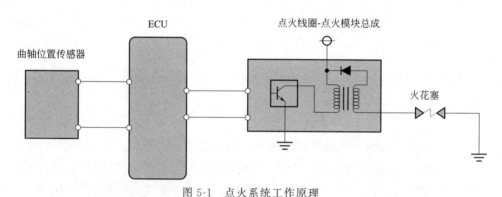

图 5-1 点火系统工作原理

发动机出现熄火的故障,点火系统出现偶发性不点火,其常见原因是曲轴位置传感器不能正常工作。曲轴位置传感器也称为曲轴转速传感器,它感应并传输曲轴转速及位置信号给ECU,ECU 根据曲轴转速和位置信号控制点火时刻、喷油量等。常见的曲轴位置传感器分为电磁式、磁阻式和霍尔式。

(1) 电磁式曲轴位置传感器的原理和检修

电磁式曲轴位置传感器结构如图 5-2 所示,它是由传感器本体和信号轮组成,信号轮有N 个齿,其缺齿位置用于判别曲轴的相对位置。随着信号轮转动,每个信号轮齿经过曲轴位置传感器本体时便产生一个脉冲信号,ECU 根据此信号计算出曲轴的转速。

卡罗拉 1ZR 发动机曲轴位置传感器电路如图 5-3 所示,NE+、NE- 分别是该传感器信号正极、负极。检查曲轴位置传感器的电阻,20℃时,其阻值为 1850~2450Ω;检查曲轴的安装情况;检查信号盘是否缺齿或存在其他损坏;检查导线是否存在断路或短路;利用示波器检查其波形。

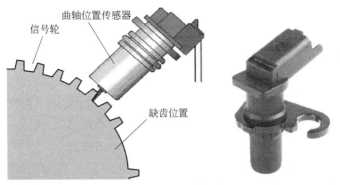

图 5-2 曲轴位置传感器

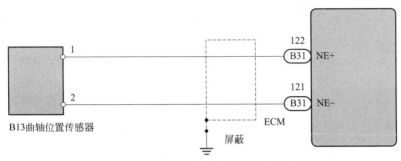

图 5-3 电磁式曲轴位置传感器电路

(2) 磁阻式曲轴位置传感器的原理和检修

磁阻式曲轴位置传感器电路由一个发动机电控单元 ECU 提供的 5V 参考电压电路、低电平参考电压电路和一个输出信号电路组成。2016 款威朗的磁阻式曲轴位置传感器电路如图 5-4 所示。传感器本体检测磁阻环的磁通量变化，磁阻环的每个磁段相互隔开，共有 60 个磁段，以 2 个缺少的间隔作为参考间隙，其外形如图 5-5 所示。曲轴位置传感器产生一个变频的开/关直流电压，曲轴每转动一圈输出 58 个脉冲。曲轴位置传感器输出信号的频率取决于曲轴的转速。

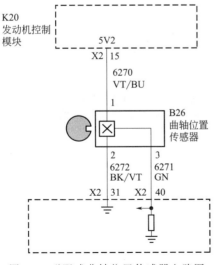

图 5-4 磁阻式曲轴位置传感器电路图

图 5-5 磁阻环

(3) 霍尔式曲轴位置传感器的原理和检修

如图 5-6 所示，霍尔式曲轴位置传感器和电磁式曲轴位置传感器外形基本相同，它也是包括信号轮和传感器本体。霍尔式曲轴位置传感器应用霍尔效应制成，如图 5-7 所示。当电流垂直于外磁场通过导体时，垂直于电流和磁场的方向会产生附加电场，从而在导体的两端产生电势差，这一现象就是霍尔效应，这个电势差也被称为霍尔电势差。

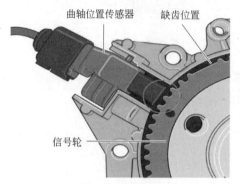

图 5-6　霍尔式曲轴位置传感器

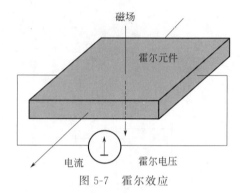

图 5-7　霍尔效应

霍尔式曲轴位置传感器电路如图 5-8 所示，检修时断开传感器插头，测量电控单元 1 号端子和 3 号端子之间的供电电压应为 4.5V，否则应检查 ECU 和插头之间的导线是否断路。检查信号线与搭铁线之间电压交替变化。

(4) 检查曲轴位置传感器的注意事项

曲轴位置传感器信号对发动机影响很大，最好使用示波器对其和凸轮轴位置传感器一同进行检查。电磁式曲轴位置传感器的波形如图 5-9 所示，其波长随发动机转速的增加而变短。当发现波形不正常时，需要仔细检查以下项目。

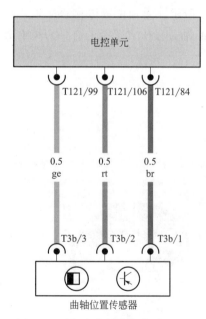

图 5-8　霍尔式曲轴位置传感器电路

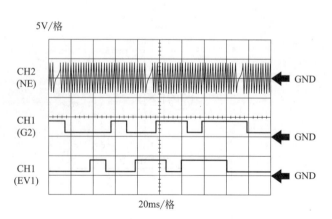

图 5-9　电磁式曲轴位置传感器波形

技师提示

怠速时发动机转速常见为（750±50）r/min，大众系列教材很多是(800±30) r/min，发动机电控单元ECU会在一定的范围内调整发动机转速。但如果在冷却液温度正常时，发动机转速过高或过低都是不正常的。发动机转速过低是进气管路积炭等原因造成的，发动机转速过高是发动机进气管路漏气等原因造成。发动机怠速的转速调节一般在-10%~+10%，随着发动机电控技术越来越先进，电控单元的调节数据越来越大。

① 检查传感器是否脏污，安装是否正确，传感器和信号环的间隙是否过大，间隙中是否有异物。

② 目视检查信号环是否脏污或损坏。但需要注意，曲轴位置传感器磁阻环有磁性，如果任何磁性物体与其接触，它会发生功能性损坏，而这种损坏目视是不能发现的，但电控单元ECU会设置相关的故障代码。

③ 检查正时链条或正时带、张紧器和链轮是否磨损或损坏。

④ 检查传感器本体磁性是否消退。

⑤ 检查曲轴轴向间隙是否过大，检查传感器是否受电磁干扰。

维修案例

一辆宝马 MINI 轿车出现启动困难，有时会熄火的故障。问诊得知该车辆因事故维修过，故障代码提示曲轴位置传感器信号缺少。检查曲轴位置传感器的供电为5V，正常。检查连接导线没有断路和短路，更换曲轴位置传感器，试车，故障依旧。查看曲轴位置传感器波形，发现曲轴转动1圈，有2个缺齿信号，检查信号盘，发现有1个位置的齿已经损坏，更换曲轴位置传感器信号盘后，故障排除。

案例解读

影响曲轴位置传感器的因素太多，检查曲轴位置传感器的时候最好使用示波器。建议不要刺破导线来测试波形，可以用专用的检测线或是自己制作的线串在线路中，来连接插座和插头。波形不能有缺齿或其他异常，否则需要彻底检查。

凸轮轴位置传感器将齿轮旋转数据转换为脉冲信号，并将这些脉冲信号发送到ECU来确定凸轮轴角度。ECU利用此信号来判别气缸工作情况，用来控制点火及燃油喷射。其工作原理和检修方法和曲轴位置传感器类似。点火系统中除了曲轴位置传感器，相关线路断路也会引起发动机熄火。

5.1.2 点火系统引起单缸失火的故障分析

目前大多数发动机采用单缸独立点火系统，如图 5-10 所示。独立点火系统由蓄电池、火花塞、点火线圈-点火模块总成、电控单元 ECU、曲轴位置传感器、凸轮轴位置传感器等组成。

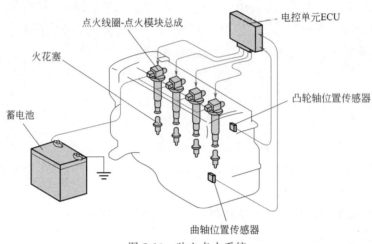

图 5-10 独立点火系统

当发动机缺火时，高浓度碳氢化合物进入废气中。极高浓度的碳氢化合物会使废气排放量增加。高浓度的碳氢化合物也会使三元催化转化器的温度升高，可能导致其损坏。为了避免排放量的增加以及高温造成的损坏，发动机电子控制模块 ECM 监测发动机缺火率。当三元催化转化器的温度达到热衰退点时，ECM 会使 MIL 闪烁。ECM 使用凸轮轴位置传感器和曲轴位置传感器监测缺火情况。凸轮轴位置传感器用于识别缺火的气缸，而曲轴位置传感器则用于测量曲轴转速的变化。当曲轴转速变化超出预定阈值时，将统计缺火数。

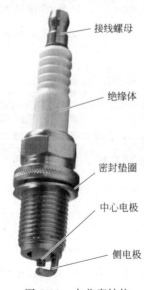

图 5-11 火花塞结构

发动机电控单元 ECU 利用来自曲轴位置传感器和凸轮轴位置传感器的信息来确定何时发生发动机气缸缺火。发动机控制模块通过监测各气缸曲轴转速的变化，可以检测各个气缸缺火事件。如果发动机控制系统检测到某一个气缸有失火的故障现象，出于对三元催化转化器等系统的保护则会立即关闭这个气缸的燃油喷射。

单个气缸缺火的原因有很多，例如，单缸活塞环漏气、进气歧管漏气、排气门堵塞、进气门关闭不严等，属于点火系统的原因主要包括火花塞工作异常或点火线圈-点火模块总成异常。火花塞和点火线圈工作原理和检修方法如下。

(1) 单缸失火现象，火花塞的检查

火花塞将高压电引入气缸燃烧室，产生电火花来点燃混合气。如图 5-11 所示，火花塞头部有中心电极和侧电极，两个电极之间有个约为 0.9~1.3mm 的间隙。火花塞上部的接线螺母便于连接高压线，火花塞中部是陶瓷绝缘体，火花塞中心有导体玻璃密封剂，形成火花塞的"内阻"，它既要能够导电，也要能承受混合气燃烧的高压，还要抑制无线电干扰。

如图 5-12 所示，检查火花塞时，需要检查火花塞是否有油污，如果有油污可能是气门油封或油环有漏油，机油进入燃烧室。火花塞间隙过小可能是安装不当所致，间隙过大最好应该更换。火花塞螺纹如有损坏，为防止其损伤气缸盖，应将其更换。若火化塞积炭严重，应将其清理干净，要找出火花塞积炭的原因，否则不久后，火花塞又会重新积炭。如图 5-13 所示，火花塞头部发白可能是火花塞过热，一般是火花塞使用的型号不对或是发动机过热所致。

图 5-12　检查火花塞　　　　图 5-13　火花塞电极发白

一辆奥迪 A4L 车辆发动机怠速抖动，加速时出现明显的顿挫感。使用诊断仪对发动机进行了详细检查，发现发动机的一个气缸失火现象比较严重。检查点火线圈电路，无异常。问诊得知近期做过保养和更换了火花塞，做跳火测试，发现正常。因为气缸外做点火测试和缸内跳火环境不同，仔细观察火花塞，发现火花塞上字体不清晰，更换上原装火花塞，故障排除。

案例解读

此次故障排除有赖于"问诊"和"字体不清晰"。点火系统有两大要求，即点火能量和点火时间，不合格的火花塞要么点火时间过早或过晚，要么点火能量不足，通常通过检查火花塞内阻可以检测出来。

为测试点火系统工作情况，有时需要做跳火测试。做跳火测试时，为防止未燃汽油进入三元催化转化器对其进行损坏，需断开所有喷油器连接器或相关保险丝。如图 5-14 所示，测试时，选择没有油漆的地方搭铁，要压紧使火花塞搭铁牢靠。启动 2~3s 中，检查火花塞是否有白色或紫色的火花。若火花较暗，说明点火能量不足，需更换火花塞或检查原因。

检查绝缘电阻，用万用表测量火花塞两电极之间绝缘电阻（10MΩ 或更大），如果绝缘电阻太小，说明两电极间积炭或油污构成回路，需要清理或更换。检查火花塞内阻，用万用表测量火花塞接线螺母和中心电极之间电阻，电阻应在 1~20kΩ 之间或对比维修手册，内阻太小应更换。

图 5-14 跳火测试

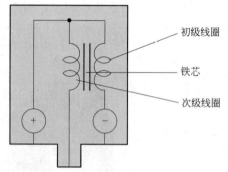

图 5-15 点火线圈工作原理

（2）单缸失火现象，点火模块-点火线圈总成的检查

点火线圈的功用是将 12V 的低压电转变成 15～20kV 的高压电，点火线圈实际上是一个升压变压器，内部由初级线圈、次级线圈和铁芯等组成，通过线圈自感和互感原理实现电压升高，当初级线圈中的电流被切断时，次级线圈中产生高压，如图 5-15 所示。控制汽车点火线圈工作的控制器称为点火模块，点火模块按发动机电控单元 ECU 的指令来控制点火线圈工作。目前，普遍使用每缸都有点火线圈的独立点火系统，如图 5-16 所示，单缸点火系统每个气缸由一个点火线圈点火，火花塞连接在各个点火线圈次级绕组的末端。点火线圈次级绕组中产生的高电压直接作用到各个火花塞上。

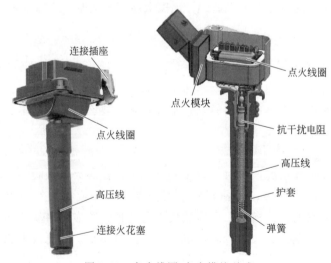

图 5-16 点火线圈-点火模块总成

点火控制模块的检查，如图 5-17 所示：检查点火线圈线束端连接器 1 号端子 +B 和 4 号端子 GND 之间电压应为 12V 左右；检查线束是否短路或断路；在点火开关置于 ON 位置时，测量 IGF 与搭铁之间的电压为 4.5～5.5V；在急速时，检查点火信号（IGT）和点火反馈信号（IGF）的脉冲波形；当怀疑某个点火控制模块有故障时，可以更换好的点火控制模块或其他缸点火控制模块进行试验检查，查看是否输出相同的故障码；等等。

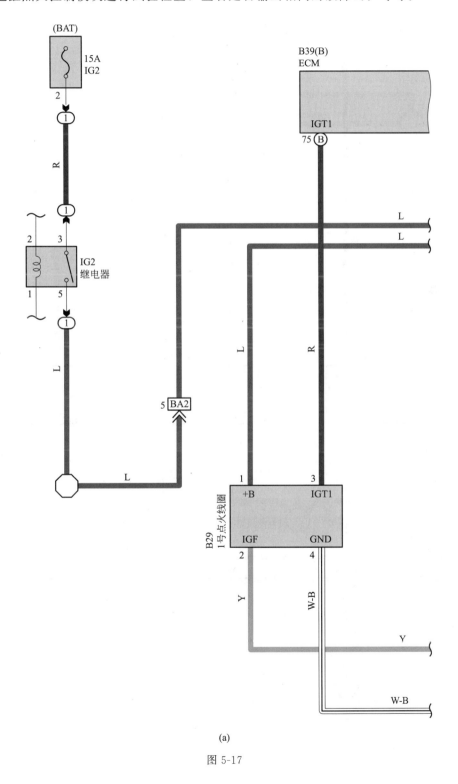

(a)

图 5-17

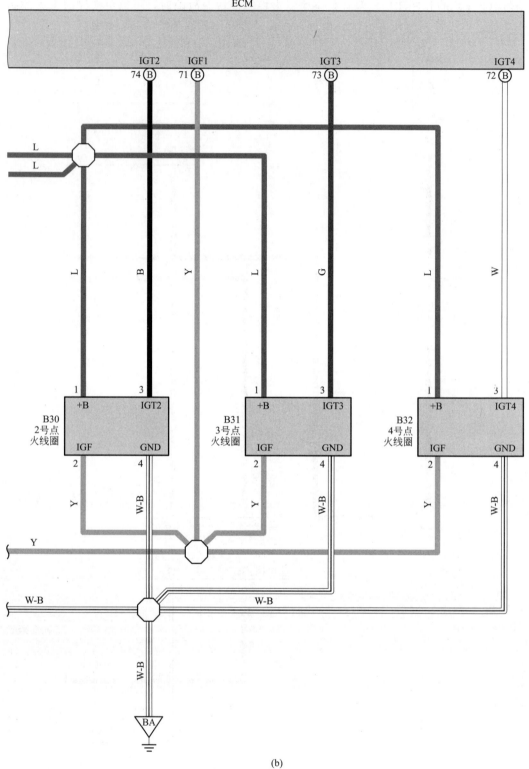

(b)

图 5-17 点火系统电路图

维修案例

一辆配置 N55 发动机的宝马 X5 出现加速无力的现象,故障代码显示 6 缸缺火,喷射已经关闭。检查点火线圈总成线束没有发现异常,拆检点火线圈目测检查表面无破裂等现象,对调点火线圈试车,故障依旧。拆卸 6 缸火花塞检查,发现该火花塞间隙极小,估计是安装时火花塞电极受到撞击引起的。更换损坏火花塞后,故障排除。

技师提示

为调整火花塞的间隙而折弯侧电极容易引起侧电极产生裂纹,如果侧电极掉落卡在活塞和气缸壁之间,会严重损坏发动机。因此,对于间隙过大或过小的火花塞,最好是进行更换。

5.1.3 点火系统引起爆震的故障分析

点火必须在最佳的时刻进行,点火时刻用点火提前角来表示。点火提前角是指从火花塞产生电火花到活塞运行至上止点时曲轴转过的角度。通常把发动机发出最大功率和最小油耗时的点火提前角称之为最佳点火提前角。使用检测仪器检测时,在暖机后连接检测仪,进入相应的菜单,在怠速时检查点火正时应为 8°~12°BTDC(上止点前)。检测时,需关闭所有电气系统和空调,变速器换至空挡,冷却风扇应停止运转。

技师提示

奥迪汽车发动机怠速时,点火正时应为(12°±4.5°)(BTDC),如果小于12°可能是发动机负荷过大。发动机电控单元接收到爆震传感器信号,正常推迟点火提前角0°~15°。

点火提前角过大会使发动机爆震,如图 5-18 所示,爆震现象是混合气在不该点燃的情况下提前爆炸了,致使对还在上行的活塞产生了下压的冲击力,从而影响气缸的工作效率。爆震会使气缸体产生振动,甚至损坏气缸体。发动机采用了爆震传感器来预防这种情况发生,爆震传感器的作用是检测到发动机振动,并将振动转化为电信号,传输给电控单元 ECU。

如图 5-19 所示,爆震传感器安装在气缸体上,爆震传感器有一个压电元件,爆震会使气缸体振动,导致压电元件变形,此时压电元件就产生一个电压。若发动机 ECU 判断发动机发生爆震,就延迟点火正时,若爆震停止,在一段预定的时间后,点火正时再次提前。

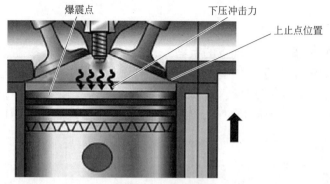

图 5-18 爆震现象

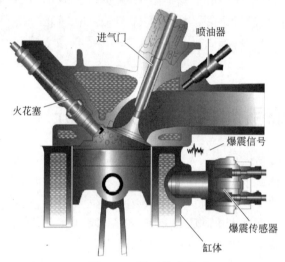

图 5-19 爆震传感器

检查爆震传感器时，如图 5-20 所示，检查线束没有断路和短路，检查两端子之间的电压应为 4.5～5.5V。爆震传感器对上紧力矩非常敏感，根据维修手册提供的上紧力矩进行检查。

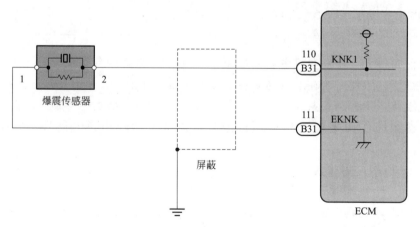

图 5-20 爆震传感器电路

维修案例

一辆 5 系宝马出现加速无力，发动机油耗高，有爆震传感器 1 的故障代码，故障码被清除后不再现，也未发现数据流异常。发动机发出混杂的声音，检查机油发黑，进行拆检，发现凸轮轴严重磨损，很多进气门密封面有很多麻点，更换损坏的元件及机油后，故障依旧，又报出爆震传感器 1 的故障码。爆震传感器用来测定发动机抖动，如果爆震传感器持续发出信息，电控单元 ECU 就会不断修正点火正时，达到阻止爆震的目的。检查爆震传感器 1 和电控单元 ECU 之间的线路，发现虚接，将其更换后，故障排除。

案例解读

因为"故障码被清除后不再现"，就可能是线路出现接触不良，时好时坏，所以需要边测量边晃动线束，以便发现故障原因。有时电路虚接，测量电阻时其阻值还是正常的，所以晃动是故障模拟的一种方法，在测量时可以采用。

5.2 如何分析可变气门正时控制系统的故障？

5.2.1 检查可变气门正时控制系统前要检查配气相位的原因

可变气门正时控制系统是在固定不变的气门正时基础上发展起来的，固定不变的气门正时即配气相位。配气相位就是曲轴转角来表示的进、排气门的开启时刻和开启延续时间。通常用环形图来表示配气相位的关系，即配气相位图，如图 5-21 所示。

发动机运转时每个行程所占时间很短，为此，气门的开启和关闭时刻已不在上、下止点处，采用提前打开和迟后关闭的办法来延长进、排气时间。从进气门打开到排气上止点曲轴所转过的角度称作进气提前角，记作 α，α 角一般为 $10°\sim30°$。从进气行程下止点到进气门关闭曲轴转过的角度称作进气迟后角，记作 β，β 角一般为 $40°\sim80°$。进气门提前打开可以减小进气阻力，当活塞从上止点下行时，气门已经有了大的进气通道。进气门迟闭可以利用进气气流的惯性多进气，增加进气量。

从排气门开启到下止点曲轴转过的角度称作排气提前角，记作 γ，γ 角一般为 $40°\sim80°$，从上止点到

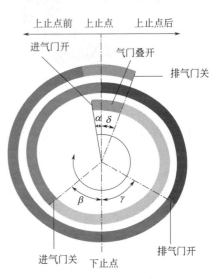

图 5-21 配气相位

排气门关闭曲轴转过的角度称作排气延迟角,记作δ,δ角一般为$10°\sim30°$。排气门早开可以使排气冲程开始时气门有较大开度,减少排气阻力,排气门迟闭可以利用废气的惯性多排气。

由于进气门的早开、排气门的迟闭使进排气门有同时开启的情况,进排气门同时开启所对应的角称气门重叠角,其大小为α与δ之和。

检查可变气门正时前需要检查配气相位,具体检查以下部位。

① 曲轴、进气凸轮轴、排气凸轮轴等的正时记号,一定要对齐,有的发动机装配了平衡轴,其上也有正时记号,也需要检查。

② 检查正时传动的链轮或带轮、链条或正时带、过渡轮、张紧机构等。

③ 检查凸轮轴是否存在严重磨损。

④ 检查气门杆是否严重磨损。

5.2.2 检查可变气门正时控制系统前要检查机油的原因

可变气门正时系统在低转速时,让进气门打开提前量小,以避免吸入废气;在高转速时,让进气门打开提前量大,以使增大进气量。可变气门正时(VVT)系统包括ECU、凸轮轴正时机油控制阀和VVT控制器、VVT传感器(凸轮轴转速传感器)等。ECU根据曲轴转速、凸轮轴转速、进气量、节气门位置和发动机冷却液温度等参数,向凸轮轴正时机油控制阀总成传送占空比控制信号,用来调节提供给VVT控制器的机油,如图5-22所示。

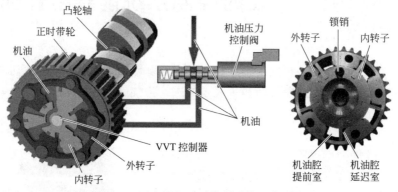

图5-22 可变配气正时控制系统工作原理

① 检查机油。检查机油油量、油质、油压应正常。

② 检查机油道中的机油滤网。在输送给机油压力控制阀的机油道中,有一个用于过滤杂质的滤网,检查可变气门正时控制系统时,需检查滤网有无阻塞。滤网破损会使异物进入阀内,使凸轮轴正时机油阀不能回位,从而导致微小压力泄漏。

③ 检查正时机油阀。

凸轮轴正时机油阀调节机油的压力,实现对凸轮轴液压腔体内机械部件之间的间隙的调节,从而实现对配气时间提前、滞后的控制。ECU通过控制电磁铁的占空比大小即可调节活塞的位置。如图5-23所示,检查凸轮轴正时机油阀的电阻及工作情况。参考图5-24检查两条接线是否短路和断路。

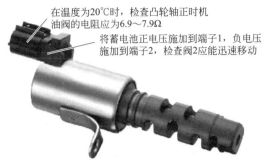

图 5-23 检查凸轮轴正时机油阀

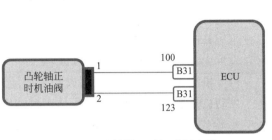

图 5-24 凸轮轴正时机油阀电路

维修案例

一辆大众帕萨特 1.8T B5 轿车加速不畅，怠速抖动，甚至熄火。读取故障码显示为"进气凸轮轴控制电路断路，偶发"。故障码清除后很快就会再现，可以明显听到凸轮轴调节阀发出"咔哒"的动作声，但由于故障为偶发性质，也不能完全断定其没有问题。检查凸轮轴调节阀的供电电源线及其控制线，没有短路或断路，检查给电源线供电的主继电器，发现其内部烧损，将其更换后故障排除。

案例解读

帕萨特 1.8T 轿车凸轮轴调节阀 N205 电路如图 5-25 所示，凸轮轴电磁阀由继电器、保险丝供电，电控单元 ECU 控制 N205 负极，当继电器烧损，继电器开关内形成了电阻，这会导致凸轮轴调节阀工作电流不足，发出"咔哒"的动作声。

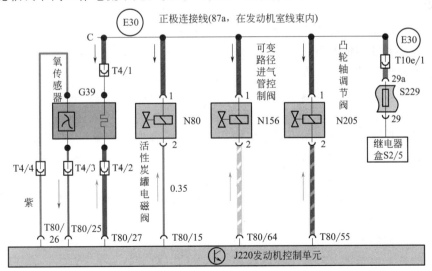

图 5-25 帕萨特凸轮轴调节阀

5.2.3 可变气门正时控制系统会引起动力不足的原因

可变气门正时控制系统的主要作用便是增长进、排气时间，提高发动机的动力性能。当它发生故障时，发动机动力性能必然下降。有的可变气门正时控制系统不仅仅气门开闭时刻可以发生变化，其气门升程也可以改变。

（1）机油正时阀工作异常引起动力不足

发动机控制单元 ECU 通过机油正时阀来调整凸轮轴的转角，如果机油正时阀故障，控制单元 ECU 就无法控制机油正时阀，可变气门正时控制器也不能按设定的要求来转动凸轮轴，所以会引起动力不足。

一辆丰田凯美瑞发动机进水维修后，发动机故障灯和侧滑指示灯点亮，读取故障码为 P0012——凸轮轴位置"A"正时滞后（1列）。初步判断该故障范围应该在正时及 VVT-i 系统。检查气门正时，未发现异常。通过诊断仪控制 VVT-i 执行器达到 49%时，进气凸轮轴提前角度为 0°，怠速依旧平稳运转，正常情况下提前到 49%时，由于进、排气门开启角的过渡重叠使过多的废气进入气缸，应该出现怠速严重不稳或熄火。检查 VVT 电磁阀，发现 VVT 电磁阀阀芯壳体被意外旋转了一定角度，更换了 VVT 电磁阀，故障排除。

 案例解读

"VVT 电磁阀阀芯壳体被意外旋转了一定角度"于是出现了故障，检查电磁阀类的元件一定不能疏忽本体的检查，在电磁阀上施加 12V 电压，即电磁阀正极端接蓄电池正极，电磁阀负极端连接蓄电池负极，观察电磁阀运动情况。

（2）可变气门正时控制器工作异常引起动力不足

在节气门小开度的情况下，充气效率低下，发动机为了吸入气体，需要做不少的功，浪费能量。为了减少这种情况，提升充气效率，宝马很多发动机每个气缸采用了 1 个节气门，它的优点是能根据每一缸的进气量实现对每一缸的喷油量的精确控制。

宝马 Valvetronic 电子气门技术如图 5-26 所示，踩下加速踏板时的信号是以电子的方式传给控制单元，控制单元再驱动伺服电机将气门打开到合理的升程。伺服电机是通过蜗轮蜗杆机构驱动偏心轴发生旋转，由于偏心轴旋转的角度不同，凸轮轴通过中间推杆和摇臂推动气门产生的升程也不同，从而实现对气门升程的控制，如图 5-27 所示。

宝马 Valvetronic 技术可以使进气有两种模式，正常情况下使用可变气门模式，当存在故障时，采用节气门模式。例如，当断开进气 VANOS 电磁阀（可变气门正时电磁阀）后，进气的可变凸轮轴调整将失效，并且进气的全可变气门行程控制装置 VVT 将进入应急状态，发动机的进气控制进入节气门控制模式，进气门升程调整为最大状态，并且不再进行升程调整。

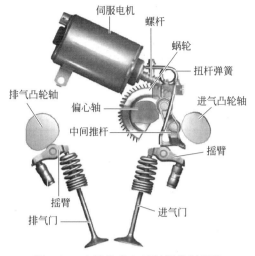

图 5-26 宝马汽车电子气门控制系统

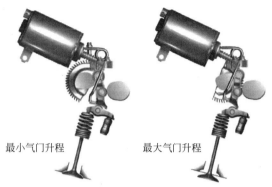

图 5-27 宝马汽车电子气门升程变化

维修案例

一辆宝马 N55 发动机故障灯亮，有异响，加速不良。读取故障码为"进气凸轮轴位置不可信""进气凸轮轴卡住"等，仔细辨别声音来源，发现来自气门室盖前部进气歧管侧。打开气门室盖，启动发动机，发现进气 VANOS 单元（安装在凸轮轴前端控制器）摆动，根据故障码的含义和异响部位分析，拆检气门室盖检查，发现进气 VANOS 单元的固定螺钉断裂。拆卸油底壳，清理断头螺栓，更换 VANOS 单元后故障排除。

案例解读

宝马 VANOS 是宝马公司对可变气门正时技术的命名，其原理类似丰田 VVT-i、本田 i-VTEC、奥迪 AVS 等，其作用就是优化发动机进排气系统，保证进排气更能符合各种工况的要求，从而提升发动机的效率，如图 5-28 所示。

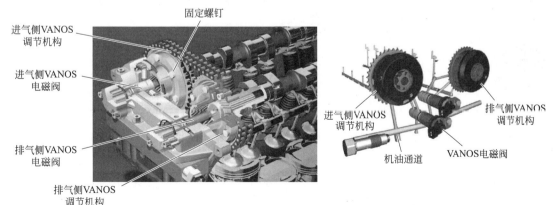

图 5-28 宝马 VANOS 的结构和原理

5.3 如何分析电子节气门控制系统的故障?

电子节气门也称为电子油门,在电子节气门控制系统中,节气门不是通过油门踏板的拉线来控制的,节气门与油门踏板之间无机械式连接装置。如图 5-29 所示,电子节气门控制系统由加速踏板位置传感器、节气门位置传感器、曲轴位置传感器、节气门电机、EPC 故障指示灯组成,EPC 故障灯亮可能是电子节气门控制系统出现故障。节气门是由节气门控制单元内的一个电机来控制的。

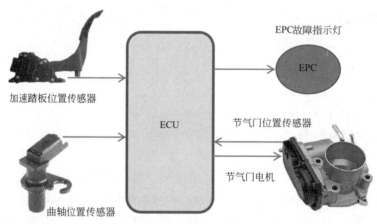

图 5-29　电子节气门控制系统

驾驶员踩下加速踏板,加速踏板位置传感器将踏板位置信号传递到发动机控制单元,发动机控制单元驱动节气门电机对节气门进行控制。出于安全或燃油消耗因素的考虑,发动机控制单元可以独立于加速踏板的位置而调整节气门的位置。也就是说节气门的打开角度不是与加速踏板的角度一一对应的,而是发动机控制单元根据实际需要控制节气门打开的角度。这样做的优点是发动机可以根据各种不同的需求(例如驾驶员输入、废气的排放、燃油消耗以及安全性)确定节气门的位置。电子节气门控制系统可以达到最佳燃烧效果的燃油供油量,达到最佳的动力性、经济性和排放性。

一辆奥迪 Q5 发动机 EPC 灯亮,读取故障码为 P003400——涡轮增压器空气分流阀,对地短路;P104900——气缸列 1,凸轮轴调节阀,排气,对地短路等 20 个故障。查阅电路图得知,所有涉及故障的部件均由 SB7 保险丝供电,该保险丝已熔断,更换后马上又熔断,由此判断有短路现象。用负载试灯一端接 12V 电源,一端连接 SB7 保险丝的输出端,逐一拆卸涉及的电器部件插头,试灯依然亮,说明断路发生在线路中。使用电流钳逐段检查,最后发现故障点位于点火线圈线束附近,找到故障点,将其修复后,故障排除。

> **案例解读**

在遇到发动机报多个故障码的情况下，通过查找导致出现不同故障码的相同故障原因，并结合故障出现的条件及故障现象进行合理的推理分析、论证，缩小检测范围，减少大部分不必要的检查，提高诊断效率，即可快速地查明故障原因、找出故障部件，最终排除故障。

案例中线路短路的原因是线束内正、负极节点绝缘不良，发动机高温引起绝缘胶变软，在振动及挤压下节点互相接触短路。由于涡轮增压器、凸轮轴调节阀等故障，发动机功率必然下降，所以 EPC 灯亮，此时如果以节气门位置传感器、电机等为排除故障的切入点，势必会走很多弯路。

5.3.1 检查加速踏板位置传感器的方法

加速踏板位置由两个加速踏板位置传感器传递给发动机控制单元，这两个传感器与加速踏板一体，是可变电阻，且包在一个壳体内，但也可能是霍尔式。加速踏板位置是发动机控制单元的一个主要输入参数。

（1）加速踏板位置传感器的原理

加速踏板位置传感器安装在加速踏板支架上，它有 2 个传感器电路，即 VPA（主）和 VPA2（副）。该传感器使用的是霍尔效应元件，其工作原理如图 5-30 所示。施加在 ECU 端子 VPA 和 VPA2 上的电压在 0～5V 内变化，并与加速踏板（节气门）工作角度成比例。来自 VPA 的信号，指示实际加速踏板开度（节气门开度）并用于发动机控制。来自 VPA2 的信号，传输 VPA 电路的状态信息并用于检查加速踏板位置传感器自身情况。

ECU 通过来自 VPA 和 VPA2 的信号监视实际加速踏板开度（节气门开度），并根据这些信号控制节气门执行器。

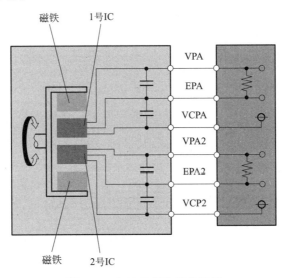

图 5-30　加速踏板位置传感器

(2) 加速踏板位置传感器的检修

如图 5-31 所示，检查 VPA、VPA2 与搭铁之间的电压为 5V 左右；松开加速踏板时，VPA 的电压为 0.5~1.1V，VPA2 的电压为 1.2~2.0V；在踩下加速踏板时，VPA 的电压为 2.6~4.5V，VPA2 的电压为 3.4~5.0V；检查所有线路应没有断路、短路、虚接等情况。

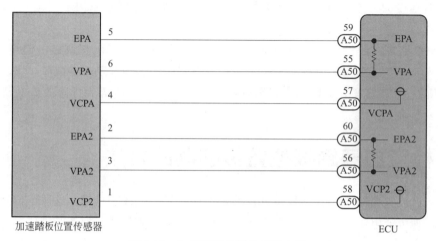

图 5-31　加速踏板位置传感器电路

一台丰田普瑞维亚有时踩下加速踏板后车辆没有反应，同时发动机故障灯会点亮。读取故障码 P2127——加速踏板位置传感器输出信号过低，故障码清除后不再出现，说明故障是偶发性的，故障原因可能是传感器内部故障或传感器相连的线束接触不良。晃动加速踏板的线束，发动机故障灯点亮，故障码仍为 P2127。断开插接器，观察发现加速踏板位置传感器有一个连接端子插孔口径被扩大，将其修复后，故障排除。

案例解读

接线端子插孔口径被扩大，其原因可能是维修过程中，在进行线路测量时，使用了不合规格的探针来接触插接器的端子。连接器检查时，需要检查插孔是否扩大口径，插针是否弯曲，插孔、插针是否松动，防水圈是否损坏缺失，所连线束是否出现内部折断，绝缘胶是否正常，等等。

5.3.2　检查节气门位置传感器的方法

发动机电控单元 ECU 根据加速踏板位置等信号来计算节气门开度并响应驾驶员输入来控制节气门电机，变速器控制模块通过监测节气门位置传感器电压、发动机转速以及其他输入，来确定适合特定负载的压力，然后控制合适的换挡时机。这些信号同时也用来计算空燃比修正值、功率提高修正值和燃油切断控制。电控单元还根据质量空气流量（MAF）、歧管绝对压力（MAP）和节气门位置传感器信号进行进气流量合理性诊断，当三个传感器提供的信号不合理时，电控单元报出相应的故障码。

节气门位置传感器的信号通常也被称为负荷信号，奥迪汽车发动机负荷在怠速时的正常值为1.0～2.5ms，如果小于1.0ms，可能是进气系统有泄漏或是燃油系统压力过高。如果大于2.5ms，可能是发动机负荷过大，即发动机承担了额外的负荷，例如曲轴运转阻力过大，曲轴带动的发电机等运转阻力大，使得节气门需要开大一些以维持发动机的运转。

节气门位置传感器还向电控单元ECU提供怠速信号，电控单元ECU根据此信号判断怠速工况，调整发动机转速，实现怠速断油功能等控制。

(1) 节气门位置传感器的原理

丰田1ZR发动机使用霍尔式节气门位置传感器。霍尔式传感器比较精确，它能在高速和极低车速的极端行驶条件下，也能生成精确的信号。如图5-32所示，节气门位置传感器有两组磁铁、霍尔元件及IC电路，两个传感器电路VTA1和VTA2各传送一个信号。VTA1用于检测节气门开度，VTA2用于检测VTA1的故障。传感器信号电压与节气门开度成比例，在0～5V内变化，并且传送至ECU的VT端子。当节气门关闭时，传感器输出电压降低，当节气门开启时，传感器输出电压升高。

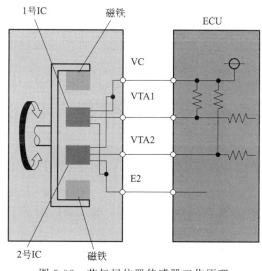

图5-32 节气门位置传感器工作原理

> **技师提示**
>
> 节气门开度正常值为0°～5°，若大于5°，可能是节气门没有基本设置，需要使用诊断仪做基本设置，或是节气门控制部件损坏，或是发动机负荷不正常。

(2) 节气门位置传感器的检修

如图 5-33 所示中，检查 VC 与 E2 之间的电压为 5V；检查节气门位置传感器与 ECU 之间的线束没有断路、短路和虚接现象；将节气门从全闭合到全开，检查 VTA 电压为 0.5～5.0V。

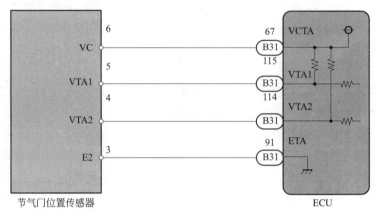

图 5-33 节气门位置传感器电路

一辆丰田卡罗拉轿车发动机出现加不了速的故障，启动发动机后，将加速踏板（油门踏板）踩到底发动机不响应。节气门处存在传感器电压过低的故障码，使用示波器读取来查看油门踏板的信号波形图，但只有 1 条线路有信号波形，另一条线路的波形没有出现。仔细检查，有一处引脚线路存在破损的情况，将其修复后，发动机加速正常，故障排除。

 案例解读

由于加速踏板位置传感器只提供一个信号，另一个信号由于故障而缺失，加速踏板信号缺失导致节气门电机没有随加速踏板踩下而打开，即发动机加不了速，节气门位置传感器信号也电压过低。

5.3.3 检查节气门电机的方法

(1) 节气门电机的原理

如图 5-34 所示，节气门电机集成在电子节气门体内，来自发动机 ECU 的占空比信号使节气门电机动作，通过齿轮传动机构使节气门板转动，保证发动机工作所需的节气门开度。当电子节气门系统有故障进入失效保护模式时，ECU 切断通往节气门执行器的电流，并且节气门被回位弹簧拉回到开度 6°。

(2) 节气门电机的检修

检查节气门电机的电阻，与维修手册对比，不应过大或过小（图 5-35）；检查相关线束没有断路和短路；检查节气门与壳体之间是否有杂物；检查节气门阀片应无积炭，且运转自如。

图 5-34 电子节气门体

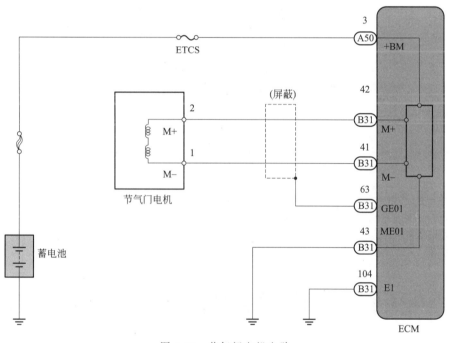

图 5-35 节气门电机电路

一辆大众新波罗行驶时 EPC 灯偶发点亮，发现存在 P155800——节气门驱动装置电路电气故障，主动/静态等故障码，查找电路如图 5-36 所示，使用万用表电阻挡测量节气门电机的两条线从电控单元端到节气门端的阻值，其阻值小于 1Ω，正常。检查线路与接地之间的电阻时，发现 5 号端子与搭铁存在导通短路情况，电阻只有 0.1Ω。沿着线束检查，发现在起动机处磨破，将其修复后，故障排除。

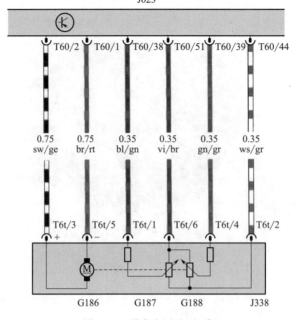

图 5-36　节气门电机电路

G186—节气门电机；G187—节气门位置传感器 1；G188—节气门位置传感器 2；
J338—电子节气门体；J623—发动机电控单元

> **案例解读**
>
> 　　很多线路（不含元件）故障主要是断路、短路、偶发故障、接触不良，其中短路又分为对电源短路和对搭铁短路。这些故障大多是由线路搭铁点锈蚀或松动、连接器（包括插头、插座和线路中的连接器）松动、绝缘胶皮破损等原因造成的。

5.4　如何分析进气增压控制系统的故障？

5.4.1　可变进气歧管长度控制系统的工作原理

　　常见的进气增压控制系统包括可变进气歧管长度控制系统和废气涡轮增压控制系统。可变进气歧管是通过改变进气歧管的长度或截面积，提高燃烧效率。如图 5-37 所示，电控单元 ECU 根据发动机的转速控制电磁阀。在发动机低转速时，电磁阀控制阀门关闭，进气歧管变长，增加进气的速度和压力，让混合气混合更充分，使得发动机在低速时运行更平稳、扭矩更充足。发动机高转速时，电磁阀控制阀门打开，进气歧管变短，气流绕开下部导管直接进入气缸，这有利于增大进气量，使发动机高速运行更顺畅、功率更大。

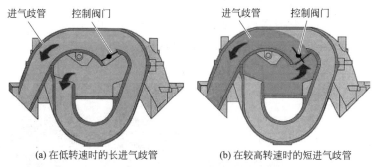

(a) 在低转速时的长进气歧管　　(b) 在较高转速时的短进气歧管

图 5-37　可变进气歧管

发动机运行时，当用故障诊断仪指令进气歧管调节控制阀打开和闭合时，确认可在进气歧管调节电磁阀处听到或感觉到"咔嗒"声。如果未听到或感觉到"咔嗒"声，需要检查进气歧管调节控制阀的电路。

① 将点火开关置于 OFF 位置，断开进气歧管调节电磁阀处的线束连接器，再将点火开关置于 ON 位置。

② 确认点火电路端子 1 和搭铁之间的测试灯点亮。如果不亮，检查保险丝和保险丝相连的电路以及中间的线束连接器。

③ 检查进气歧管调节电磁阀到电控单元（图 5-38 中 K20 发动机控制模块）之间的导线，应无断路和短路。

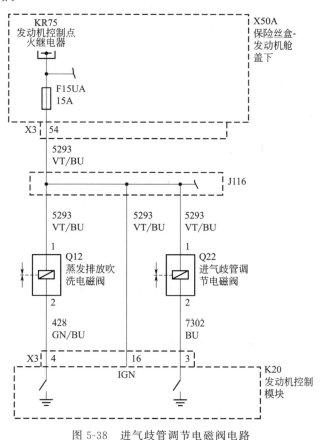

图 5-38　进气歧管调节电磁阀电路

为了改善内部混合气形成状况，有的发动机上使用了进气歧管翻板，如图 5-39 所示，发动机内置可以使进气道改变截面积的增压运动翻板阀门，阀门的动作受发动机控制单元的控制。发动机控制单元根据功率和扭矩的需求可以控制阀门的动作，使进气道的截面积改变以适应需要。

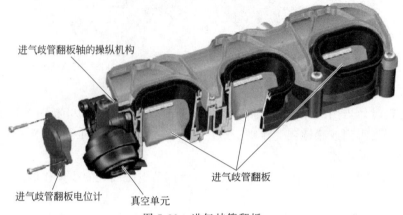

图 5-39　进气歧管翻板

当发动机在低速和中、小负荷运转时，进气歧管内的增压运动翻板阀门处于小截面积的位置；当发动机在高速和大负荷运转（3000r/min）时，进气歧管内的增压运动阀门处于大截面积的位置，以适应大的进气量的需求。

一台别克英朗发动机故障灯亮，动力差，行驶无力。读取故障代码为 P0171——燃油修正系统低电压。读数据流发现短期燃油调整值为 14，长期燃油调整值为 25，很明显混合气过稀。初步检查进气管没有漏气，检查影响混合气过稀的空气流量计、燃油压力、喷油器等，未发现故障。喷射积炭清洗剂，人为加浓混合气，发动机转速提高，证明还是有漏气的地方，仔细检查发现进气歧管调节阀漏气，将其更换后，故障排除。

案例解读

进气管路漏气检查起来还是比较复杂的，现在发动机上的部件比较多，进气管路周围的部件也是非常多，仅仅依靠目测和耳听检查漏气难免有遗漏。使用积炭清洗剂后需要进行清理，以免腐蚀元件或管路。

5.4.2　废气涡轮增压控制系统的工作原理

废气涡轮增压控制系统工作原理如图 5-40 所示，发动机燃烧后的废气通过涡轮废气入口进入涡轮，此部分废气具备一定的流速，它会冲击涡轮的叶片。涡轮和泵轮通过轴连接，涡轮通过轴带动泵轮转动，泵轮转动后，会将更多的新鲜空气吹入发动机，加大发动机的进气量。废气涡轮增压控制系统通过增压压力电磁阀及膜片执行器，再控制旁通阀来控制增压压力。

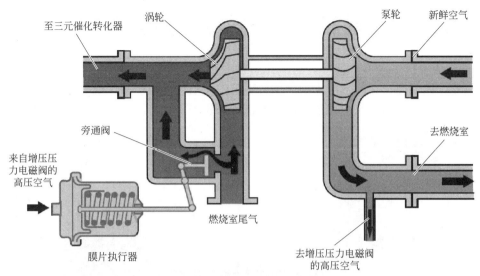

图 5-40　涡轮增压器的工作原理

如图 5-41 所示，废气涡轮增压系统主要由发动机控制单元、增压压力调节电磁阀、涡轮增压器换气阀、空气流量计、发动机转速传感器和增压压力传感器等组成。控制单元根据

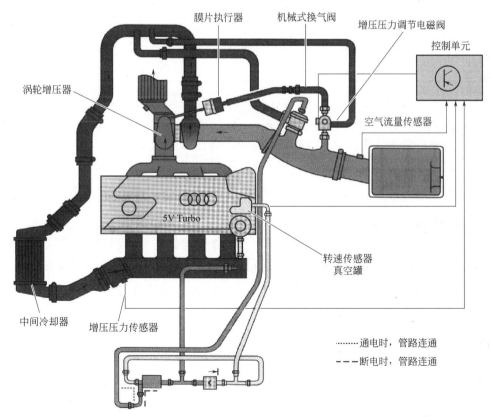

图 5-41　涡轮增压系统的组成

空气流量、发动机转速、增压压力等传感器的信号，对增压压力调节电磁阀的通断进行控制。

5.4.3 废气涡轮增压控制系统的故障诊断

① 废气旁通阀由阀门、推杆、膜片执行器等组成，如图 5-42 所示，增压压力控制阀、膜片执行器、阀门等损坏都会造成增压压力不足，发动机动力下降。检查时，需要查废气旁通阀是否有自由运动和损坏，必须确保膜片执行器软管连接情况良好。

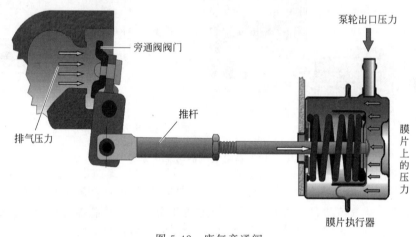

图 5-42　废气旁通阀

一辆大众宝来 1.4T 轿车行驶中明显感觉动力不足，组合仪表中故障报警灯点亮。读取故障代码为 P0299——涡轮增压器/机械增压器增压不足。监测车辆行驶中增压数值，发现随着负荷变化，增压数值基本不变。拆下三元催化转化器，检查发现旁通阀轴卡滞，造成旁通阀常开。更换涡轮增压器后，故障排除。

案例解读

旁通阀的推杆可以用手动检查，左右推动推杆，观察其运动是否灵活。当推杆运动灵活时也需要检查阀门是否正常，如果阀门损坏了，气门经过涡轮有阻力，经过旁通阀没有阻力，所以不会有增压效果。

一辆宝马 X6 运动型多功能车，装备 N55 发动机。该车在行驶中，中央信息显示屏提示发动机功率下降。接车后进行试车，发现该车在急加速时，从发动机舱内传来"咔啦、咔啦"的异响。检测发动机电控单元，发现有节气门信号不可信和增压过度的故障提示。根据上述故障提示和发动机异响的特点分析，在车辆急加速时，进气气流对节气门阀板产生了冲击。在急加速时，观察发现排气旁通阀的动作极微小。于是对气动元件施加真空，发现其损坏。更换旁通阀气动元件后试车，故障排除。

案例解读

因为气动元件中有密封气体用的膜片，膜片需要经常承受排气带来的高温，所以膜片容易损坏。膜片损坏后推杆不能动作，旁通阀一直关闭，所以会出现增压过度的情况。增压过度的气体冲击节气门的阀板，造成了"咔啦、咔啦"的异响。

② 涡轮增压器是实现增压的主要元件，涡轮增压器主要由泵轮、涡轮、轴等组成，如图 5-43 所示。涡轮增压器损坏后，影响增压的效果。检查涡轮增压器时需要注意：在拆卸涡轮增压器之前，检查是否有不正常的机械噪声；目测涡轮增压器是否有漏气、堵塞，检查是否有明显的热变色等情况；检查螺母、螺栓、压板和垫片是否有漏装或松动现象；检查发动机进、排气管及其管道和固定件是否有松动和损坏；检查涡轮增压器壳体是否有裂纹或损坏；等等。

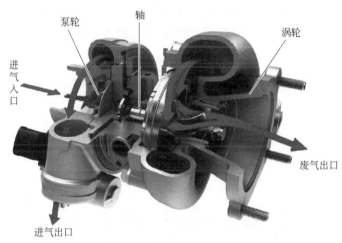

图 5-43　废气涡轮增压器

一辆配置 1.8T 涡轮增压发动机的大众迈腾轿车，该车出现踩加速踏板时不能提速，最高车速只达 80km/h。故障码显示增压压力限制电磁阀 N75 断路/对地短路。检查该电磁阀线束连接器，发现无异常现象。从空气滤清器、进气软管、中冷器开始往后检查，并未发现堵塞现象。检查涡轮增压器空气循环阀，拆下涡轮增压器空气循环阀 N249，检查正常。怀疑涡轮增压器工作不正常，于是卸下涡轮增压器，经检查，发现废气一侧涡轮轴的调节垫片断裂，导致废气一侧的涡轮轴卡死，造成涡轮轴不转的现象。更换新的废气涡轮增压器后进行试车，故障排除。

案例解读

涡轮轴不转,整个涡轮增压系统起不到应有的作用,发动机无增压效果。估计是电控单元根据提速不起的故障判断的 N75 电磁阀故障。

③ 废气涡轮增压控制系统的目的是多进空气,如果进气系统堵塞或漏气定会影响增压的效果,带有涡轮增压的发动机出现动力不足的故障,需要检查进气系统。

一辆大众迈腾轿车行驶中 ESP 和 ASR 指示灯点亮,车辆无法加速。读取故障码发现空气流量计信号不可靠。清除故障码试车,故障依旧。接通点火开关,但不启动发动机,测量蓄电池电压为 12.6V。检查空气滤芯为新件,测量空气流量计电压正常、电阻正常,读取怠速空气流量与正常车辆一致。检查进气系统相关元件的安装位置正常,未见松动或损坏。在安静的环境下仔细听,怠速时一切正常。按照急加速试验试车,在节气门控制单元与增压空气冷却器之间的软管连接处有类似漏气的"嘶嘶"声音。将此连接软管打开,发现因缺少密封圈而造成漏气。安装新的密封圈后,故障排除。

案例解读

带有涡轮增压系统的发动机其进气系统增压了中冷器等元件,其进气管路更加复杂,发动机启动后声音较嘈杂,很容易覆盖漏气的"嘶嘶"声音,所以检查时需要特别细致。

5.5 如何分析燃油蒸气回收系统的故障?

5.5.1 燃油蒸气回收系统的作用

在常温下燃油箱经常充满汽油挥发的蒸气,燃料蒸气排放控制系统是将燃油蒸气引入燃烧并防止挥发到大气中。如图 5-44 所示,燃油蒸气排放控制系统主要包括炭罐、炭罐电磁阀(也称为净化 VSV 阀)等。电控单元 ECU 根据发动机转速、负荷及车速等情况,向炭罐电磁阀发送占空比信号,炭罐电磁阀打开,让与进气量和行驶状态相适应的燃油蒸气进入进气管路,再到发动机内部燃烧。

发动机停机和怠速时,炭罐电磁阀不通电,炭罐电磁阀处于关闭状态,燃油蒸气被炭罐内活性炭吸附;发动机中、高速运转时,电控单元 ECU 根据冷却液温度、节气门开度等参数使炭罐电磁阀通电,炭罐电磁阀处于打开状态,吸附在炭罐上的燃油蒸气经过真空软管吸

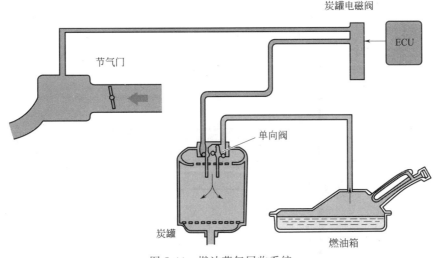

图 5-44 燃油蒸气回收系统

入发动机,此时发动机的进气量大,少量的燃油蒸气不会影响混合气成分。

如果车辆燃油加注量过多,汽油可能进入炭罐,然后进入气缸,打湿火花塞,使发动机产生自动熄火的故障。

5.5.2 检查燃油蒸气回收系统的方法

炭罐电磁阀是用来控制两条燃油蒸气管的导通和截止状态的,炭罐电磁阀出现故障后,可能出现常开或常闭等情况。当炭罐电磁阀常开,停车时,尤其是高温停车时,大量的汽油挥发出燃油蒸气直接进入进气管路,发动机会出现混合气过浓而启动困难。在急速情况下,如果有燃油蒸气进入进气歧管,就会使混合气过浓,造成发动机燃烧不正常,部分气缸工作不良,最后出现"失火"现象。当炭罐电磁阀常闭时,燃油蒸气得不到有效释放,导致蒸气从炭罐或燃油箱溢出,会感觉到汽油味很浓。

① 炭罐电磁阀结构如图 5-45 所示,炭罐电磁阀两条管分别连接进气管和炭罐,它有两个接线端子,它分别连接电源和电控单元 ECU,如图 5-46 所示。检查连接导线没有断路和短路,检查电源应为 12V 左右,检查炭罐电磁阀两个接线端子之间的电阻值约为 23~26Ω。给电磁阀两个端子直接连接电源和搭铁,用手动真空泵检查炭罐电磁阀是否堵塞。

图 5-45 炭罐电磁阀

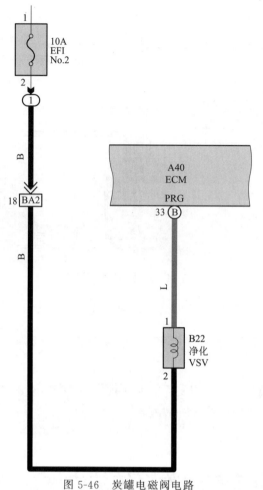

图 5-46　炭罐电磁阀电路

> **技师提示**
>
> 读取炭罐电磁阀的数据流，0%表示炭罐电磁阀完全关闭，99%表示炭罐电磁阀完全打开。炭罐电磁阀打开后，燃油蒸气的浓度可能高于、等于或小于气缸中的混合气浓度，此时结合氧传感器的数值，可以判断燃油蒸气的浓度状态。

维修案例

一辆别克 GL8 发动机故障灯偶尔点亮，读取故障码为"燃油修正系统贫化，缸列 1""燃油修正系统贫化，缸列 2"，数据流中缸列 1 和缸列 2 的长期燃油修正值高达 27 左右，说明电控单元 ECU 在加浓混合气，发动机混合气过稀。检查进气系统，未发现漏气。暂时将燃油蒸气管从炭罐电磁阀上拆下，将其堵住，发动机转速会提高，说明其存在漏气。检查炭罐电磁阀发现已经损坏，炭罐电磁阀处于常通状态。将炭罐电磁阀更换后，运行发动机时读取数据流，长期燃油修正值为1左右，故障排除。

> **案例解读**

为了防止炭罐连接管损坏，不采用夹钳夹住，而采用暂时拆下将其接口堵住，这也是检查的一种方法。将燃油蒸气管堵住后，燃油蒸气通往进气管的通道堵死，这样进气就不受燃油蒸气的影响。这种方法同样适合进气管路中真空管、曲轴箱通风管等的漏气检查。

② 活性炭罐里面装有活性炭粒，能吸附燃油蒸气，蒸气被真空吸入进气歧管后，活性炭粒又恢复吸附能力。炭罐的结构如图5-47所示，炭罐上有三个连接管，分别连接大气、炭罐电磁阀和燃油箱。检查时，堵上炭罐的大气侧端口和炭罐电磁阀的端口。从油箱侧端口吹气进入炭罐，确认无漏气，否则更换炭罐。有的燃油箱盖只是起到密封作用，燃油箱的压力平衡是靠炭罐来维持的，如果燃油箱上连通大气的通道堵塞，燃油箱压力就会不平衡，燃油压力会下降，会造成车辆行驶一段时间加速不良，甚至熄火的故障，熄火时间较长后，发动机又能启动。

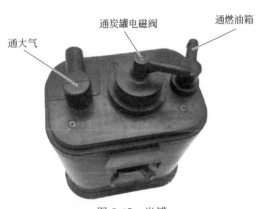

图 5-47　炭罐

5.6　如何分析电控冷却系统和润滑系统的故障？

5.6.1　电控冷却系统的故障分析

电控冷却系统是在冷却系统的基础上增加了电控元件，包括冷却液温度传感器、电子冷却液泵、带有加热器的电子节温器等。

（1）电子节温器的原理和检查

电子节温器是蜡式节温器上加装一个电子加热器，如图5-48所示，以达到提前开启节温器的目的。发动机控制模块监测散热器冷却液温度传感器的温度，将此温度和发动机冷却液温度传感器提供的温度信号做比较，然后利用脉宽调制信号控制发动机冷却液节温器加热器，进而控制冷却液流量并调节发动机工作温度。电子节温器控制电路如图5-49所示。

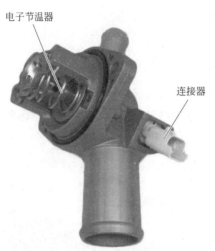
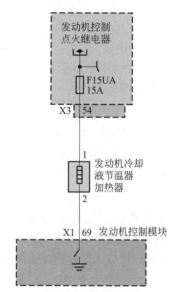

图 5-48　发动机冷却液节温器加热器　　　　图 5-49　发动机冷却液节温器加热器电路

一辆奔驰 CLA220 轿车发动机故障灯偶尔点亮。读取故障代码为 P012800——冷却液温度低于冷却液节温器标准温度。分析故障原因为：冷却风扇故障；电子节温器卡滞、关闭不严导致冷却液提前进行大循环；相关的线路或控制单元软件故障。查看冷却风扇启动和停止时的数据流，未发现异常。测量电子节温器的电阻及供电，均正常。拆检电子节温器进行检查，发现球阀表面有不正常的磨损现象。更换电子节温器后试车，故障排除。分析故障是由于冷却液内有很多杂质和结晶体，造成电子节温器密封球阀异常磨损，球阀关闭不严，冷却液提前进入大循环引起故障。对冷却系统进行清洗，更换全车冷却液，车辆运行一段时间后，故障不再重现。

 案例解读

由于冷却液使用正常情况下会有消耗，冷却液不足肯定需要补充，此时补充的冷却液和之前的冷却液混合在一起可能会发生不良反应。为此，需要知道原车使用的冷却液品牌，如果仅仅缺失少量冷却液，可以添加纯净水。

一辆奥迪 A6L 低速行驶中，发动机噪声突然增大，检查发现仪表水温表显示高温。发动机噪声突然变大是因为电子扇高速运转。检查发动机发现散热器上水管热，下水管不热，这就表示发动机内部的冷却液不会循环。更换节温器总成，故障排除。

案例解读

发动机冷却液不循环通常是节温器不打开,水泵不运转也会导致冷却液不循环,但这种情况概率较低。

(2) 电动冷却液泵原理和检查

有的发动机采用了电动冷却液泵,其安装位置如图 5-50 所示。电动冷却液泵是一个电动离心泵,其结构如图 5-51 所示,其内部有电动机带动变速齿轮及轴再带动冷却液泵叶轮转动。电动冷却液泵启动条件如下:在发动机启动后不久;发动机扭矩过大;进气管中增压空气温度超过 50℃;增压空气冷却器前后的温差低于 8℃;在发动机运行时,每 120s 运行 10s,以避免废气涡轮增压器出现热量积蓄现象;根据特性曲线不同,在关闭发动机后运行 0~480s,以避免废气涡轮增压器过热形成蒸气泡。

图 5-50 电动冷却液泵位置

图 5-51 电动冷却液泵的结构

5.6.2 电控润滑系统的故障分析

采用可变排量机油泵的发动机一般能降低乘用车发动机 1%~2%的燃油消耗。当发动机的转速逐渐上升,机油泵泵油量和压力随着转速增加而增加,泵油量和压力满足润滑需要后,继续增加就会多消耗一部分发动机功率,所以需要采用变排量机油泵。如图 5-52 所示,变排量机油泵采用叶片泵,由转子、滑阀、叶片、调节油室、机油压力控制电磁阀等组成。机油压力控制电磁阀安装在主油路上,它是由电控单元控制。

发动机机油压力控制电磁阀断开时,发动机机油压力较高。该电磁阀被指令接通时,发动机机油压力较低。当机油

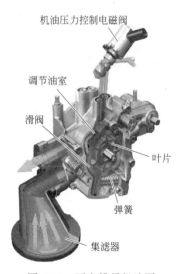

图 5-52 可变排量机油泵

压力控制电磁阀故障会引起机油压力偏高或偏低,检查时可以检查线路有没有断路和短路,测试其电阻是否在 10~30Ω 的范围,直接施加 12V 电压查看其是否运转灵活。

一辆雪佛兰科鲁兹轿车发动机故障灯亮并提示动力降低,发现历史故障码 P06DB——机油油压控制电路电压过低;P06DA——机油油压控制电磁阀故障,查阅电路图如图 5-53 所示。分析故障原因为机油油压控制电磁阀及其电路,断开保险丝 F3UA 后,除了出现 P06DB 和 P06DA 外,还有其他故障码。分析认为,这是因为保险丝 F3UA 还为其他执行器供电,在电路图上可以看到结点 J111。由此也可以判断,故障点在结点下游。断开插接器 X107,晃动时检查 4 号和 5 号的电阻,未发现断路,换该电磁阀和油底壳线束,故障排除。

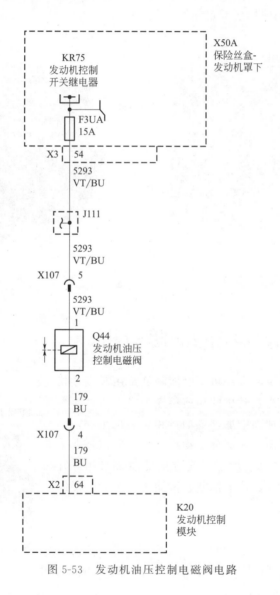

图 5-53 发动机油压控制电磁阀电路

> **案例解读**

电控单元判断机油油压控制电磁阀故障，机油压力影响可变气门正时系统和气门液压挺柱等工作，所以发动机出于保护发动机的目的，降低了发动机动力输出。故障排除过程中，断开保险丝后观察到更多的故障码，由此推断故障处于结点下游，这种方法应用得非常好。

5.7 电控单元损坏会引起什么故障？

5.7.1 电控单元 ECU 电源电路引起的故障

电控单元 ECU 的电源电路包括以下方面：系统电压；正常工作电源电路；供给传感器的电源电路。

（1）电控单元 ECU 系统电压的控制原理和检查方法

ECU 电路图如图 5-54 所示，该电路在点火开关置于 OFF 位置时，蓄电池仍为 ECU 供电。这和很多电路不同，检测时，也需要将点火开关关闭，否则当电源线错接在点火开关 ON 位置才通电，就无法检测出来了。这一电源可让 ECU 储存数据，如 DTC（故障码）记录、定格数据和燃油修正值。如果蓄电池电压降至最低限值以下，该存储信息就会被清除，ECU 会确定电源电路出现故障。发动机下次启动时，ECU 将使 MIL 亮起并设置 DTC。

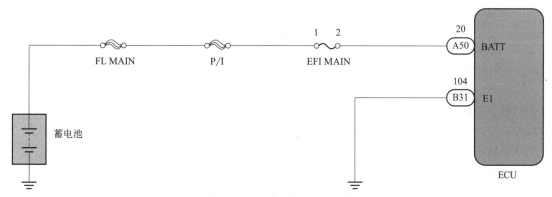

图 5-54 电控系统电压电路

很多行驶到一定里程的发动机，其修正数据对其怠速的稳定起很大的作用，如果修正数据丢失，会导致发动机启动后要抖动很久。检查蓄电池端电压应不低于 11V；检查蓄电池端子，应无松动或锈蚀现象；检查 BATT 和 E1 之间电压应为 12V 左右。用负载试灯检查防止线路虚接，观察试灯亮度，如果发暗，说明线路接触不良，当电压为 0V 或试灯不亮，先检查保险丝，再检查线束有无断路或短路现象。注意：检查时不要将连接器从 ECU 上断开，从线束侧连接器的后侧执行检查。

（2）电控单元 ECU 正常工作的电源电路控制原理和检查方法

ECU 电源电路如图 5-55 所示，当点火开关置于 ON 位置时，蓄电池电压被施加到 ECU 的端子 IGSW 上。ECU MREL 端子的输出电流流向集成继电器线圈，集成继电器（EFI MAIN 继电器）内开关触点闭合，蓄电池开始向 ECU 的端子＋B 或＋B2 供电。

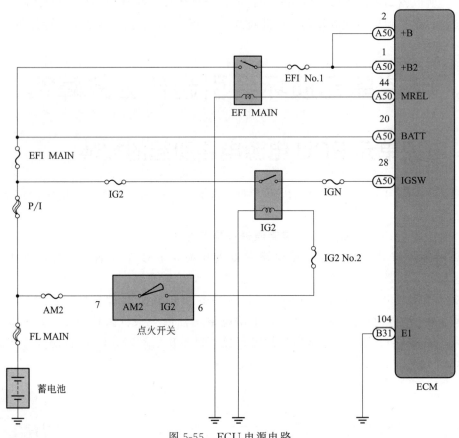

图 5-55 ECU 电源电路

检查 E1 与搭铁之间阻值应小于 1Ω。打开点火开关，检查 IGSW 与 E1 之间的电压应为 12V 左右。否则，检修仪表板接线盒上 IGN 保险丝和发动机继电器盒上 IG2 保险丝，检修 IG2 继电器，检查点火开关，检修相关线束。

分别检查保险丝 EFI MAIN 和 EFI No.1 的阻值应小于 1Ω，否则更换保险丝。检查 EFI MAIN 主继电器开关接柱，在线圈通电状态下阻值小于 1Ω，在线圈断电状态下阻值大于 10kΩ。此时不能用功率较大的试灯，检查 ECU 输出的 12V 电源或是 ECU 提供给传感器的 5V 或 8V 的电源，以免损坏 ECU。最后检查相关线束和连接器没有短路和断路现象。

（3）电控单元 ECU 向传感器提供电源的输出电路控制原理和检查方法

如图 5-56 所示，ECU 持续将端子＋B（BATT）上的蓄电池电压转换成 5V 电源以操作微处理器。ECU 同时通过 VC 输出电路将该电源提供至传感器。VC 电路短路时，ECU 中的微处理器和通过 VC 电路获得电源的传感器由于没有从 VC 电路获得电源而不能运行。在此条件下，系统不能启动且即使系统出现故障 MIL 也不点亮。

检查时，使用万用表电压挡检查 VC 的输出是否在 4.5～5.5V 范围，电压过高过低都不正常，需要检查 ECU 正常工作的电源电路。

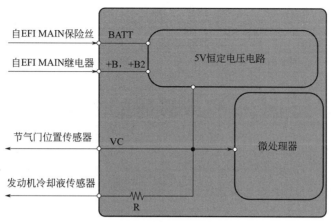

图 5-56　VC 输出电路

维修案例

一辆凯美瑞轿车出现自动熄火的故障，熄火后有时启动困难。没有读取到故障代码，点火开关打开时，发动机故障指示灯未亮。发动机故障指示灯和其他指示灯共电源，但由发动机电控单元 ECU 控制搭铁，如图 5-57 所示。怀疑是 ECU 工作不正常，检查其电源电路，发现 ECU 端子 MREL 偶发性不能连接 1 号集成继电器 EFI MAIN 继电器线圈，导致发动机 ECU 不工作。将此导线修复后，故障排除。

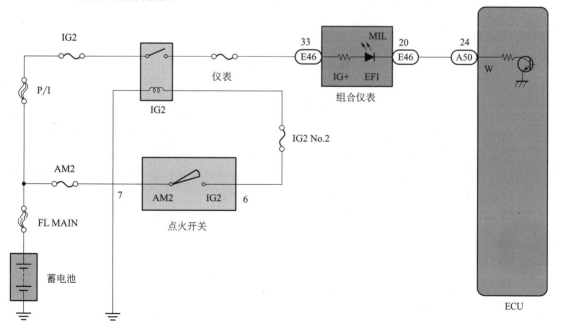

图 5-57　故障指示灯电路

案例解读

ECU 端子 MREL 输出的电源比蓄电池电压低大约 1V，测试时，千万注意不要让这条线搭铁，否则很容易造成电脑损坏。测试时，最好也不要用负载试灯测试，可以测量电压，或连接一个继电器，观察继电器是否吸合。

5.7.2　电控单元 ECU 有故障码的故障

对于排除有故障代码的故障，按维修手册指引，通常最后一步是更换 ECU，也就是说 ECU 可以引起绝大多数故障代码。如果把引起故障代码的元件、电路、机械部分影响因素都检查完后，就需要更换 ECU 进行检查。

 维修案例

一辆奔驰 E200 发动机怠速时抖动严重，读取故障码为 P230900——点火线圈 4 的促动装置对地短路。测量第 4 缸点火线圈的供电 1 号端子为 12V，搭铁正常，4 缸的点火波形也正常，对调其他缸点火线圈，故障依旧，怀疑 ECU 有故障，更换发动机 ECU 后故障排除。

 案例解读

点火波形正常代表点火正常，但由于发动机 ECU 故障，可能使点火系统偶发性故障，所以发动机出现"有时抖动严重"。发动机故障现象只是出现在部分工况或是偶发的，检测时一定要在故障出现的时刻，否则，在发动机正常时测试，那结果当然也是"正常的"。

5.7.3　电控单元不能通信的故障

电控单元不能通信时，如图 5-58 所示，可以检查诊断插座的电源线和搭铁线是否连接良好，检查诊断插座 DLC3 的 16 和 4 号端子之间的电压为 12V，检查诊断插座 DLC3 的 13 和 9 号端子和电控单元 ECM 之间导线没有断路和短路。如果检查以上原因正常，以及发动机电控单元 ECM 电源电路正常，即可以判断电控单元损坏。可以将损坏的电控单元安装在同款车型的车辆上进一步测试是否正常。

 维修案例1

一辆奔驰 S350 仪表报警，发动机无法启动。使用诊断仪检测不到发动机控制单元。查阅 CAN 网络图，诊断通信经过诊断座到中央网关控制模块，然后经过 CANE 总线（底盘 CAN 总线）到达发动机控制模块。用诊断仪对中央网关控制模块进行检测，显示通信成功。检查发动机控制单元的供电线路和接地线路，正常。测量 CAN 分配器终端电阻的阻值为 60Ω，正常。用万用表测量 CAN H 导线电压为 2.6V 左右，CANL 导线电压为 2.4V 左右，均正常。用示波器测量发动机控制模块的 CAN 总线波形，发现波形异常，判断发动机控制模块内部存在故障。更换发动机控制模块并进行匹配，试车，故障排除。

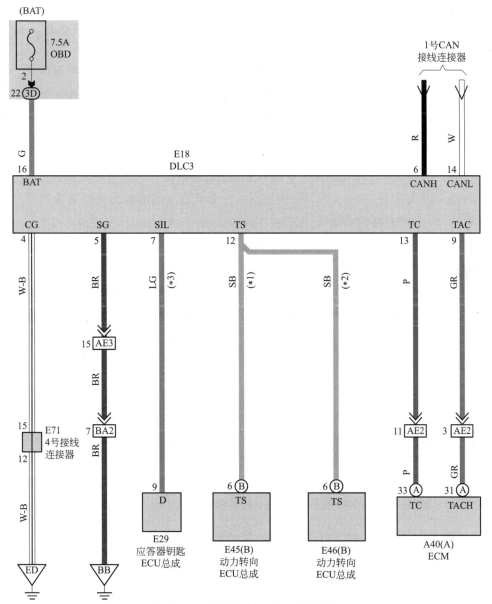

图 5-58　丰田卡罗拉诊断插座电路

案例解读

故障中 CAN 网络是无故障的，只是发动机控制模块不能正常地处理 CAN 网络上的相关信号。接收、处理、发出 CAN 网络上的相关信号也是发动机控制模块一个重要的功能。发动机控制模块有很多的功能,任何一个功能不正常工作,即是发动机控制模块损坏。

现在汽车上基本上都使用了车载网路通信技术,发动机也是车载网络中的一元,当车载网络系统有故障时,也影响发动机的工作。以 CAN 动力网络系统为代表的车载网络系统一般由 CAN 控制器、CAN 收发器、数据传输终端、数据传输线、网关等组成(图 5-59)。CAN 控制器和 CAN 收发器一般集成在电控单元内部。

数据总线系统的故障大多是因短路、断路或 CAN-H 线和 CAN-L 线装混所致,接触不良等故障。检查数据传输终端电阻时,应关闭点火开关,拔下发动机控制单元插头,使用万用表测量 ECU 端数据线相关的端子,应为 120Ω。如果该电阻值大于 120Ω,则说明至发动机控制单元的一个数据导线断路;如果电阻值小于 1Ω,则数据导线之间可能存在短路。如不符合规定应更换发动机控制单元。

用数字万用表和示波器检查汽车电源系统是否存在故障,例如检查电源电压或电控模块 ECU 的电源端子是否在 10.5~14.0V 的范围内,交流发电机的输出波形是否正常(若不正常将导致信号干扰等故障)等。

一辆卡罗拉轿车更换起动机后发动机无法启动。准备连接诊断仪读取故障信息,发现无法连接,车辆信息也无法读取。检查发动机控制单元的电源线及搭铁线,结果均为正常,说明问题可能出现在发动机控制单元内部。分析认为可能是在更换起动机时拆过蓄电池,装回时,电池电极曾经接反过。将该电控单元安装在同款其他车辆上,也出现无法启动的情况。更换此电控单元,故障排除。

 案例解读

蓄电池正、负装反极容易"烧坏"ECU,所以在维修过程中,需要特别地留意。有的发动机 ECU"烧坏"后,可以闻到一股异常的臭味。

5.7.4 电控单元 ECU 不能控制执行器的故障

电控单元 ECU 收集传感器信号进行处理,然后控制执行器工作。当电控单元电路正常,传感器也正常,但电控单元 ECU 不能发出控制执行器的指令,即可以判断 ECU 损坏。

(1) ECU 不控制某个执行器的故障

发动机 ECU 能控制大多数执行器,只是不控制某个执行器。例如,发动机 ECU 不控制某缸的喷油器,不控制某缸的点火模块或不控制油泵继电器。出现这种故障时,发动机 ECU 的电源电路通常是好的,故障原因是发动机 ECU 内部驱动电路损坏。

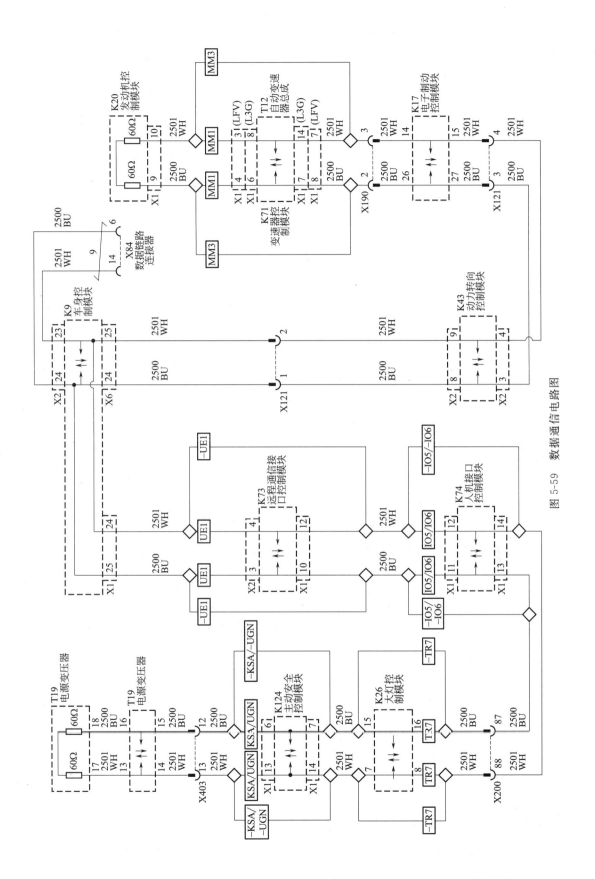

图 5-59 数据通信电路图

一辆君威启动时，起动机无任何反应。直接给起动机供电，起动机能运行。检查发现起动机无搭铁信号，启动继电器不吸合，检查发动机ECU到启动继电器搭铁线86之间连线的阻值小于1Ω。检查发动机ECU的启动信号正常，检查发动机ECU供电和搭铁无故障。更换发动机ECU，故障排除。

 案例解读

如果仅仅是发动机启动不了，直接给起动机供电起动机能运行，发动机能正常运转，在车主的同意下，也可以改动起动机的电路让起动机能正常运转，那么也可以不更换发动机电脑。改动上述电路时，只需要将发动机控制搭铁改动为直接搭铁即可。

（2）ECU对执行器控制不正常

检查发动机ECU对执行器控制不正常比发动机ECU不控制某个执行器困难。发动机ECU控制执行器工作的信号如果不符合要求，将导致发动机工作异常。例如，发动机输出点火信号不正常，导致点火线圈产生的点火能量不足，发动机单缸工作异常。

一辆雪铁龙赛纳轿车加速无力，有明显加速滞后感觉，且有回火现象，有时加速熄火。检测无故障码，读取数据流：发动机转速670r/min，进气压力35kPa，喷油时间3.9ms，前氧传感器电压为0.7V左右且有变化，下游氧传感器电压为0.4V基本不变，节气门电压0.66V，进气温度57℃，水温86℃，蓄电池电压14V，点火提前角8°～9°变化，各参数均无异常。将加速踏板急踩到底，转速缓慢上升到2000r/min，可听到回火声，同时用诊断仪查看点火提前角，发现点火提前角在急加速时会急剧减小，出现-20℃以下的情况。分析只可能为发动机电控单元故障，更换电控单元，故障消失。

 案例解读

发动机控制单元控制点火提前角主要根据曲轴转速信号和负荷信号，当然还会根据冷却液温度信号对点火提前角进行修正。当曲轴转速信号和负荷信号无故障时，发动机控制单元对点火提前角都不至于-20℃以下（已经是做功冲程，活塞已经下行）。

一辆雪佛兰景程发动机出现怠速严重抖动的情况，读取故障码P0300——发动机缺火（2缸）。检查2缸的火花塞，火花塞正常。检查2缸火花塞跳火情况，发现火花塞不点火。检查电控单元到 2 缸点火模块到电控单元的线路，正常，确定是电控单元故障，更换后故障排除。

 案例解读

因为点火系统有高压电，有时可能因为操作不当，造成高压电反向击穿 ECU，所以在发动机运行时，不应该拔下点火线圈的连接器或拔下高压线断火。

第 6 章

润滑系统和冷却系统故障分析

润滑系统和冷却系统中都有液体介质，都存在渗漏和堵塞的情况，但它们的主要故障现象不同。润滑系常见的故障是机油压力过低，冷却系常见的故障是水温过热。分析这些常见故障形成的原因，掌握故障的机理，便于形成较好的故障诊断思路。

6.1 如何分析机油压力过低的故障?

6.1.1 机油压力的检测

正常情况下，打开点火开关，机油压力警告灯会亮起，如图6-1所示，发动机启动，机油建立压力后，机油压力警告灯熄灭。如果机油压力警告灯不熄灭，或者在发动机运行期间，机油压力警告灯又亮起，说明机油压力过低。机油压力过低使发动机润滑条件差，由此发动机噪声变得明显。

发动机机油压力报警灯与发动机机油压力开关在电路中串联在一起。发动机机油压力开关通常安装在发动机缸体的主油道上，用于检测发动机机油压力值的大小，当低于某一规定值时，点亮机油压力警告灯，如图6-2所示。机油压力开关由弹簧、膜片及触点组成。当无机油压力或低压力作用时，弹簧推动膜片，触点处于（ON）闭合状态；达到规定压力时，膜片克服弹簧作用力，使触点打开（OFF）。

 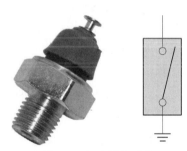

图6-1 机油压力警告灯　　　　　图6-2 机油压力开关

导致机油压力报警主要有以下三个方面的原因：电气部分故障，包括机油压力开关故障，机油压力报警灯及其电路等部位故障；机油压力不足；电磁干扰，感染源主要是点火系统和发电机故障等，一些加装的音响设备也会产生电磁干扰。当机油压力报警灯亮时，熄火后，可以将机油压力开关拆下，在同样位置安装机油压力表来检查机油压力。

需注意检查机油压力时和机油报警灯亮起时工况需相同。1ZR发动机怠速时机油压力不能低于25kPa，发动机在3000r/min时，机油压力为150～550kPa。很多机油压力表上使用bar（巴）作单位，1bar≈100kPa。

机油压力不足的原因包括：机油量过少或机油的黏度等级不符合要求；机油泵驱动故障、机油泵磨损或机油旁通阀故障导致油压不足；机油滤清器前部油路脏堵或油路中有泄压。

6.1.2 机油影响机油压力的原因

（1）机油黏度不符合

发动机润滑油简称机油，使用机油的黏度、抗氧化性、防腐性等性能应符合规定的要求。机油的黏度对发动机性能有很大的影响。黏度过大，冷启动时发动机运行阻力大，启动困难，机油也不容易泵送到摩擦表面；黏度过小，在高温、高压下容易从摩擦表面流失不能形成足够厚度的油膜。

图 6-3 机油型号和级别

机油黏度对机油压力也有很大的影响。机油黏度越小，在曲轴和曲轴轴承等摩擦表面越容易流失，所以机油压力也会减小，反之机油黏度大，机油压力也增大。使用新机油时，需要观察新机油和车辆用户手册等规定的机油是否相符。如图 6-3 所示，"SN"是机油的级别，"S"开头系列代表汽油机用油，一般规格依次由 SA 至 SN，每递增一个字母，机油的性能都会优于前一种。"C"开头系列代表柴油发动机用油，当"S"和"C"两个字母同时存在，则表示此机油为汽柴通用型。"5W-30"表示机油黏度，"W"表示 Winter（冬季），其前面的数字越小说明机油的低温流动性越好。"W"后面的数字代表机油在 100℃时的运动黏度，数值越高说明黏度越高。

（2）机油量不足

机油量不足的原因包括：机油加注的量不足，发动机漏机油、烧机油。漏机油比较容易发现，机油加注量也可以通过问诊或观察相邻一段时间机油量是否减少来确认。发动机烧机油有以下几种途径：一是气门油封漏机油，如图 6-4 所示，气门油封漏油还容易形成积炭；二是机油经过活塞油环进入气缸燃烧；三是机油经过曲轴箱通风装置进入气缸燃烧；四是机油从气缸垫渗入气缸。

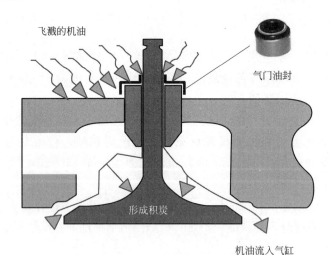

图 6-4 气门油封漏油

在检查机油时，在平坦地方停机至少 5min 以后，拔出机油尺并擦干净。重新把机油尺插入导孔后拔出检查，机油量应该位于上限和下限刻度之间，如图 6-5 所示。需注意检查机油尺时,机油尺不宜过平,机油尺两面显示油量不一致时,以低刻度为准。检查机油质量时包括:不应出现乳白色,不应有汽油的气味,不应含有金属杂质,用手指感觉其黏度应正常。机油在使用过程中,由于高温氧化及燃烧物混入等原因,会劣化变质,导致润滑性能下降。因此,机油通常每5000km需要更换。

图 6-5 机油量的检查

机油不仅仅影响润滑系统,还会对使用机油当液压介质的系统或元件产生影响。例如液压挺柱,利用机油来调整液压挺柱的长度,如果机油过脏,挺柱可能会发卡,如果机油压力不足,机油无法进入或只有少量进入液压挺柱,液压挺柱无法调整到合适的长度,会导致气门间隙过大,气门杆部被撞击,发出"嗒嗒"的声音。可变气门正时控制系统机油正时阀也是利用机油压力工作的,当机油压力不足时,机油正时阀也不能正常工作。

6.1.3 机油泵影响机油压力的原因

机油泵影响机油压力的原因包括:机油泵损坏或内部堵塞不能建立足够的油压;机油泵的集滤器堵塞;机油的限压阀(调节阀)或变排量机油调节阀损坏,调节压力过低。另外,当油底壳向内凹陷变形或内部挡块缺失,如图6-6和图6-7所示,在坡道或特殊的路况也会造成机油压力报警灯点亮。

图 6-6 凹陷的油底壳

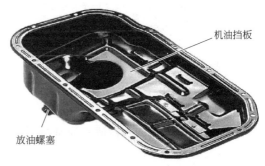

图 6-7 油底壳

(1) 机油泵的检查

机油泵将机油提高到一定压力后,强制地压送到发动机各摩擦表面。汽车发动机多采用齿轮式和转子式两类机油泵,齿轮式机油泵有外啮合式和内啮合式。齿轮式机油泵的工作原理大体相同,其原理如图6-8、图6-9所示,进油腔的容积因齿轮脱离啮合的方向而增大,进油腔内产生真空吸进机油。随着齿轮的转动,轮齿间的机油进入出油腔。出油腔的容积因齿轮进入啮合状态而减小,油压升高,润滑油便经出油口被压送到润滑油道中。

如图6-10所示,转子式机油泵由壳体、内转子、外转子等组成。内转子由曲轴齿轮直接或间接驱动，内转子和外转子有一定的偏心距，使得内、外转子间形成四个工作腔。随着转子的转动，这四个工作腔的容积不断变化，完成吸油和压油的过程。

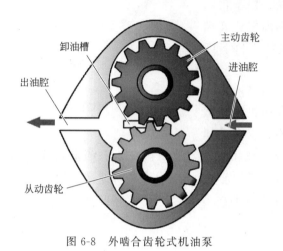

图 6-8　外啮合齿轮式机油泵　　　　图 6-9　内啮合齿轮式机油泵原理

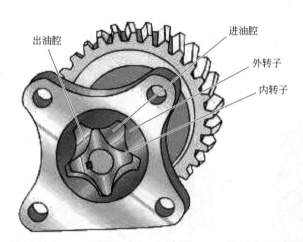 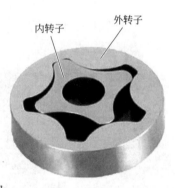

图 6-10　转子式机油泵原理

当机油压力较低需要检修机油泵时，可以将机油泵放在机油中，转动机油泵，初步判断机油泵是否泵油。检查机油泵的驱动部分，驱动轴、驱动链条或驱动齿轮等应没有严重磨损或其他形式的损坏，分解机油泵，使用刀口尺和塞尺进行检查，如图 6-11 所示，对比维修手册，判断机油泵是否需要更换。例如，用厚薄规测量主动转子和从动转子啮合间隙，1ZR 发动机该间隙标准值为 0.08～0.160mm，最大值为 0.35mm，如果该间隙大于最大值，则更换机油泵。

（2）机油集滤器堵塞

为使机油泵很好地工作，在机油泵前端安装了机油集滤器，过滤较大的杂质，其结构如图 6-12 所示。发动机工作过程中，金属磨屑和积炭等杂质不断混入润滑油，有些有强烈清洁作用的添加剂也会使壳体内侧的清漆脱落混入机油，造成机油泵堵塞，供油量下降。目测机油集滤器滤网表面是否有杂质堵塞，如有，必须严格地清理滤网。

(a) 测量啮合间隙　　　　　　　(b) 测量转子和端面间隙

(c) 测量泵体间隙

图 6-11　测量转子端面间隙

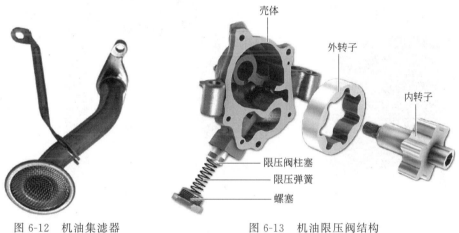

图 6-12　机油集滤器　　　　图 6-13　机油限压阀结构

(3) 机油泵旁通阀

如图 6-13 所示，限压阀安装在机油泵上，限压阀包括柱塞（或球阀）、弹簧和螺塞。当油压超过规定时，柱塞（或球阀）克服弹簧压力被顶开，限压阀打开泄去部分压力，维持主油道内的正常油压，如图 6-14 所示。检查限压阀时在柱塞上涂抹一层发动机机油，检查并

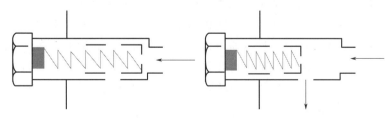

图 6-14　限压阀工作原理

确认柱塞能依靠自身重量顺畅地滑入阀孔中,否则更换机油泵。

6.1.4 机油滤清器影响机油压力的原因

机油滤清器影响机油压力的原因主要是机油滤清器漏油。如图 6-15 所示,安装机油滤清器前,机油滤清器座的密封表面一定要清理到非常干净,微小的沙粒都会导致其漏油,如果没有发现漏油,结果会越来越严重。

机油滤清器通常不会堵塞,其结构如图 6-16 所示,它由外壳、滤芯、旁通阀等组成,可以滤掉机械杂质和胶质等杂质,保持润滑油的清洁,延长其使用期限。在滤清器内部设置旁通阀,滤芯堵塞后,机油可以经过旁通阀直接送出。通常机油和机油滤清器需要在车辆每行驶 5000~10000km 后更换。安装新机油滤清器前,在新机油滤清器的衬垫上涂抹一层干净的机油。用手将机油滤清器旋到位并拧紧,直到衬垫接触机油滤清器底座,再将机油滤清器扳手再拧紧 3/4 圈或规定的力矩。

图 6-15 机油滤清器结构(1)

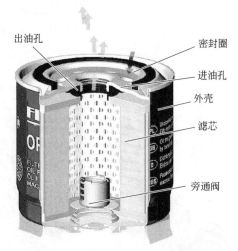
图 6-16 机油滤清器结构(2)

6.1.5 机油道影响机油压力的原因(液压挺柱、VVT 阀)

润滑系统的油道包括气缸体主油道、气缸盖油道、曲轴主轴颈油道等,有的发动机还有可变气门正时机油阀油道、涡轮增压机油管、机油喷嘴油管或油道(图 6-17)。任何一处油道(油孔、油管)泄压会影响机油压力,在机油压力过低时,需要仔细检查。

润滑系统的油道堵塞会不会影响机油压力呢?在机油泵前的油道堵塞会导致机油泵泵油不足,压力会下降,在机油泵和机油压力开关(或机油压力传感器)之间的油道堵塞,油压也会下降。如果机油压力开关之后的油道堵塞,机油压力开关感应的机油压力通常是正常的,但机油压力开关之后的油道油压不足。

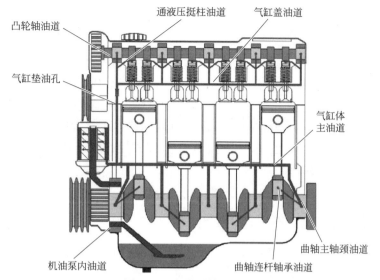

图 6-17 润滑系统的油道

维修案例

一辆帕萨特 B5 在一次涉水时，因气缸进水导致连杆弯曲，维修后，该车在高速(大于 80km/h)行驶时，机油压力报警器报警。测量机油压力，发现怠速和中速时机油压力正常。拆下发动机油底壳，对相关部件进行了仔细检查，发现在气缸体下部用来润滑气缸活塞连杆组件的喷嘴已变形裂开（如图 6-18 所示），将损坏的机油喷嘴及固定螺栓更换并装复后试车，故障排除。

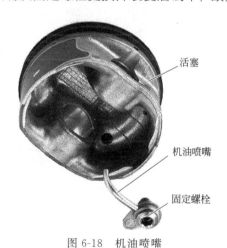

图 6-18 机油喷嘴

案例解读

机油喷嘴在事故中或许是在拆装中受损，喷嘴开口大则泄压也大，使得整个机油管路的油压下降了。

维修案例

一辆宝马 X5 发动机故障灯点亮，出现机油压力过低相关故障代码。怠速状态下测量机油压力为 170kPa，标准值为 150~450kPa，偏低。机油压力低会影响发动机气门可变正时工作，所以发动机会出现抖动及其他故障代码。更换了机油压力调节阀，故障依旧。怀疑机油油路中存在泄压，拆检发现进气侧的凸轮轴的第一道瓦盖拉伤。更换气缸盖总成后，怠速状态测量机油压力 260~270kPa，故障排除。

案例解读

瓦盖或其他部分拉伤能目测出来，有的位置磨损后目测未必能发现。例如液压挺柱（图 6-19）和承孔之间间隙过大，就会导致机油不能进入液压挺柱，液压挺柱不能正常工作，气门间隙过大，气门杆发响，同时机油压力过低，机油压力报警灯报警。

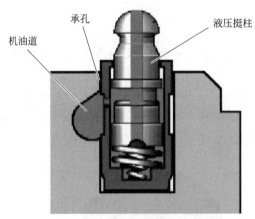

图 6-19　液压挺柱

6.2　如何分析曲轴箱通风装置的故障？

曲轴箱通风装置也是润滑系统的一部分。在发动机工作时，燃烧室内高压可燃混合气和已燃气体，通过气缸壁之间的间隙进入曲轴箱内，这部分气体进入曲轴箱的量取决于活塞、活塞环、气缸之间间隙的大小。窜入的气体会稀释机油，降低机油的使用性能，形成油泥而阻塞油路，使曲轴箱的压力过高而破坏曲轴箱的密封，等等。目前发动机上普遍采用强制式曲轴箱通风装置，如图 6-20 所示，曲轴箱内的混合废气通过曲轴箱强制通风阀（PCV 阀）及通风软管导向进气管，返回气缸重新燃烧，这样既可以减少排气污染，又提高发动机的经济性。

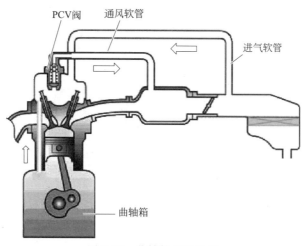

图 6-20　曲轴箱通风装置

6.2.1　曲轴箱通风系统引起混合气过稀的故障诊断

曲轴箱通风系统引起混合气过稀的原因：曲轴箱强制通风阀损坏，使进入进气管的废气过多，由于进入的废气没有经过空气流量计检测，所以会引起混合气过稀；活塞环、活塞与气缸配合的间隙过大，使曲轴箱内废气过多。

① 如果发动机不能启动或启动困难，在打开机油加注口盖后，曲轴箱里的"废气"从机油加注口处排出，曲轴箱内的气体压力变小，"废气"气体无法通过曲轴箱通风系统进入到节气门后方，此时"废气"不影响可燃混合气，发动机若可以启动，则说明故障由曲轴箱通风系统引起。

② 如果发动机能启动但怠速抖动，打开机油加注口盖，或是用抹布包住曲轴箱通风管，使用夹钳夹住该管，观察故障现象是否减轻或消失，如果故障现象消失或明显改善，说明故障由 PCV 曲轴箱通风系统引起。

③ 将真空枪连接 PCV 阀接进气管端，按动真空枪，听 PCV 阀是否运动自如。在 PCV 阀接进气管端吹入气体，检查 PCV 阀的单向性。如果 PCV 阀不能运转自如，或检查单向性时发现漏气，说明 PCV 阀损坏，需要更换。

PCV 阀属于单向计量阀，它可以控制通气量的大小，还可以防止气体或火焰反向流动。如图 6-21 所示，PCV 阀安装在气门室盖上。如图 6-22 所示，在发动机不工作时，PCV 阀在弹簧作用下保持截止状态；在发动机工作时，进气管的真空度作用在 PCV 阀上，怠速时真空度大，通流面积小，大负荷时真空度小，通流面积大。

热车熄火后，拧开机油加注盖闻到较浓燃油蒸气，说明曲轴箱混入燃油。有可能是因为高压油泵渗漏燃油进入曲轴箱机油中，导致热

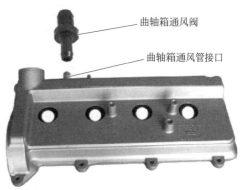

图 6-21　曲轴箱强制通风阀位置

车后曲轴箱燃油蒸气过浓，使发动机空燃比始终处于较浓状态，发动机控制单元减少喷油脉宽也未能达到正常值。

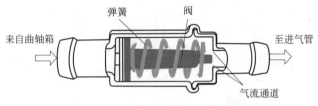

图 6-22　曲轴箱强制通风阀原理

一辆宝马 X5 运动型多功能车发动机启动后，车辆有明显的"呜呜"异响，打开机油加注口盖后，异响消失。检查曲轴箱通风压力控制阀，拆下压力控制阀保护罩，外接 1 个真空泵，建立 20~100kPa 的真空环境，发现真空度无法保持，总会出现泄压的情况，因此判断曲轴箱通风压力控制阀损坏。更换发动机气门室盖罩（集成了曲轴箱通风压力控制阀）后进行试车，故障排除。

 案例解读

从曲轴箱通往曲轴通风压力控制阀的气体主要来自从活塞环漏出的气体，由于气流速度较快，气流冲击缸壁等位置，发出"呜呜"异响。当打开机油加注口盖时，大量的气流从此处进入，所以原来的异响消失。由于发动机电控单元对空燃比的修正作用，曲轴箱通风阀漏气的故障未明显地显现出来。

6.2.2　曲轴箱通风系统引起其他故障的诊断

① 如果曲轴箱通风系统的油气分离器不能分离机油和废气，机油进入进气管，机油进入气缸后会污染火花塞，引起火花塞积炭，进而影响发动机气缸工作效率。

曲轴箱排放物经过油气分离器后，机油从混合气体中分离出来，回到油底壳，气体进入进气管。如图 6-23 所示，有的油气分离器设置在气门室盖内部，让油雾撞击在其迷宫板上，渐渐汇集成比较重的机油油滴。如图 6-24 所示，有的油气分离器安装在气门室盖外，便于清理和更换。

一辆雪佛兰科鲁兹轿车在行驶途中熄火，发动机无法启动。摇转发动机，发现发动机卡死，检查发现第 4 缸连杆弯曲，活塞裂开。更换活塞、连杆等后，发动机能正常启动，但怠速不稳。检查有无故障代码，检查进气管路有无漏气，当断开曲轴箱通风管路并将其堵塞后，发动机怠速稳定。检查曲轴箱通风阀损坏，将其更换后，故障排除。

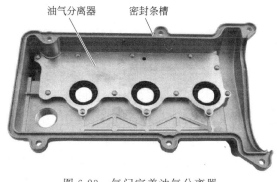

图 6-23 气门室盖油气分离器

图 6-24 外置的油气分离器

 案例解读

曲轴箱通风阀损坏或油气分离器损坏，废气中的机油被带到气流方向改变较小的气缸的进气道，机油不可以压缩，所以造成连杆弯曲。

② 曲轴箱通风阀保持在常通位置，曲轴箱通风阀通风量过大造成曲轴箱负压过高，发动机可能产生吹哨声。发现上述故障时，打开机油加注口盖或拉出机油尺，故障有所减轻或感觉到有真空吸力，则说明曲轴箱通风阀损坏。

③ 曲轴箱通风阀卡死，曲轴箱内的压力不断增高，曲轴箱内的压力会使发动机气门室盖等处油封不密封，发动机因而多处漏油。如图 6-25 所示，启动发动机后，观察油封位置，可以看到机油不是流出来的，而是喷出来的。

图 6-25 漏油的气门室盖

6.3 如何分析发动机水温异常的故障？

如图 6-26 所示，水温表都会有一块红色区域表示高温区，当水温表的指针靠近这个区域时说明发动机水温偏高了。发动机水温高的原因，包括冷却系统热负荷大和冷却系统自身

图 6-26 水温表

故障。

冷却系统热负荷大是指给予冷却系统的热量超过原有的设计。此时，冷却系统"工作量太大"，会导致"开足马力也干不完"，其故障原因不在冷却系统，而在以下方面。

① 气缸垫密封不良，气缸中热量直接串入冷却系统。此时会有"假开锅"现象，即等冷却系统完全冷却下来，刚启动发动机时，水温并没有那么快上升到高温，但是打开水箱盖，可以看到冷却液从水箱或膨胀水箱中冒出来。

② 混合气稀、配气相位错误、点火正时错误等，可燃混合气燃烧时间延长，散发的热量增加，冷却系统来不及散热导致发动机水温高，此类故障均伴随有发动机动力不足、容易开锅的故障特征。此类故障应该结合动力不足、高温和其他现象一起分析故障原因。

③ 自动变速器油温高，造成散热器散热不良。由于自动变速器润滑油（简称 ATF）的散热器紧挨着冷却水箱，通过热量的辐射影响散热器散热效果。

冷却系统自身故障又与两个因素有关：一是冷却液循环不良，它使发动机工作时所产生的热量不能被及时转移至散热器，包括节温器、冷却液泵、水道等故障，例如水道中有水垢使得同流面积减小，如图 6-27 所示，该类原因导致发动机水温高故障的故障特征是运行一段时间后发动机水温高，甚至开锅；二是散热不良，例如，散热器散热不良，冷却风扇不正常，这使得热量没有被散发掉又回到了发动机。冷却系统自身故障包括冷却系统的电控部分、电子节温器、电动水泵等。

排除冷却系统故障时，确认故障时需要注意可能发动机并未高温，只是水温表显示高温而已。此时可以利用红外测温仪对准冷却液温度传感器的位置（如图 6-28 所示），将测量的温度和水温表的温度进行对比，即可以判断发动机是否真的出现高温。当然，测试温度时，应该和高温工况一致。

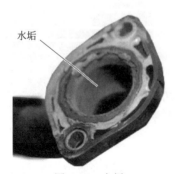

图 6-27 水垢

图 6-28 冷却液温度传感器位置

新款捷达轿车市区行驶时冷却液温度指示灯亮,车主在其他地方更换了新水箱,检查节温器,清洗空调冷凝器,更换水温传感器,更换冷却液,故障没有解决。检查电动风扇高、低速工作都正常,开空调后风扇一直是高速运转。读取数据流,故障出现时,水温为102℃(正常水温为80~105℃),说明冷却液温度指示灯显示不正常。推断故障原因包括水温传感器故障、线路故障(主要是搭铁不良)。通过查阅维修资料,本车的组合仪表负极是先通过中央接线盒,然后再接到蓄电池负极。通过测量中央接线盒到蓄电池负极的电压降,发现线与接头之间有0.30V的电压(正常为0.1V),通过这个数据可以肯定故障点就在这根线与接头之间接触不良。用焊锡丝直接把搭铁线与接头之间焊接,故障解决。

 案例解读

有的汽车没有配备水温表,冷却液温度和冷却液不足通过同一个指示灯指示。测量电压降是维修检测中比较好的方法,如图6-29所示,如果需要检测开关内部是否有烧蚀,可以让电路处于通电状态,打开开关,将万用表红色表笔测量开关的输入端,将万用表黑色表笔测量开关的输出端,此时万用表显示的值如果大于0.3V,则说明开关内部烧蚀,需要维修或更换。需要注意,在断电的情况下测量开关的阻值,阻值正常并不能代表开关是好的,就好比图6-30中的导线,如果导线中仅有一条铜线连接,其他铜线都脱开,其阻值也正常,但不能通过正常的电流。

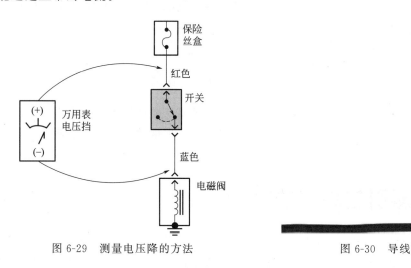

图6-29 测量电压降的方法　　　　图6-30 导线

6.3.1 冷却液泵引起高温的原因

冷却液泵也称为水泵,它是把从散热器或从旁通道来的冷却液压入缸体水套中,强制冷却液循环。如图 6-31 所示，冷却液泵由壳体、泵轴、叶轮、传动带轮、水封等组成。有的水泵用三角带轮带动，有的车型水泵由正时带驱动，在更换正时带时，水泵也要求一并更换（或按规定周期更换）。

图 6-31　冷却液泵

冷却液泵常见的故障是漏水、轴承松旷和泵水量不足。冷却液泵泵水量的原因又包括使用的型号不符合，叶片变形或损坏。

一辆别克凯越的水温表间歇性指示高温，发动机无故障码。先打开膨胀水箱查看冷却液，发现膨胀水箱和冷却液较脏，估计使用不同型号的冷却液或不合格的冷却液变质所致。不合格的冷却液会腐蚀冷却液泵的叶轮，拆检发现冷却液泵叶轮已严重腐蚀。故障应该是叶轮被不合格的冷却液腐蚀引起泵水量不足所致。彻底清理冷却水道，更换冷却液和冷却液泵，故障排除。

　案例解读

冷却液泵常见的故障是漏冷却液和异响等，冷却液泵严重腐蚀的故障不常见。冷却液泵叶轮不完整，冷却液基本不流动，势必造成发动机高温，但散热器内的冷却液并不是很热的故障。

6.3.2　节温器引起高温的原因

冷却系统通常利用节温器（或电子节温器）来控制通过散热器的冷却水的流量。节温器装在冷却水循环的通路中，根据发动机负荷大小和水温的高低自动改变水的循环流动路线，以调节冷却系的冷却强度。

如图 6-32 所示，冷却系统一般采用蜡式节温器，低温时，蜡体积小，节温器关闭，高温时，蜡体积膨胀，克服弹簧压力，阀门打开。有的发动机采用控制更加准确的电子节温器，它是蜡式节温器上加装一个电子加热器，已达到提前开启节温器的目的。

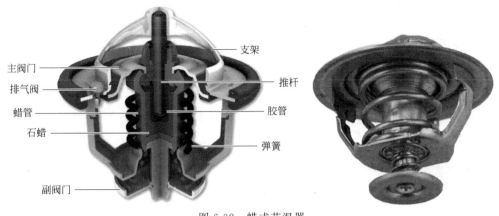

图 6-32 蜡式节温器

维修案例

一辆宝马 E60 530I 高速行驶时，发动机水温表高达 120℃，读取故障码为 2E81——DME 电动冷却液泵，转速偏差。检查电动冷却液泵供电正常，线路无异常，转动电动冷却液泵感觉稍不灵活，推断不影响运转速度，检查相关的水温传感器，正常。检查电动风扇，运转有力。分析是冷却液循环的流量不足，检查电子节温器发现机械卡死，将其和电动冷却液泵更换后，故障排除。

案例解读

电子节温器是在普通节温器上加了加热元件，电子节温器产生故障和普通节温器类似。电子节温器卡死后，冷却液不流动，发动机马上高温。

6.3.3 散热器引起高温的原因

散热器引起高温的原因包括：散热器内冷却液不足；散热器内部或外部脏污；散热器内压力不足。冷却系统加压状态循环只是为了提高冷却液沸点，冷却系统压力不足会导致沸点低，进而使冷却液过早地沸腾，冷却液沸腾后散热能力差，为此在冷却系统中设置了散热器开关。

（1）散热器开关的原理和检查

散热器开关也叫水箱盖，它可以增加散热器压力，提高冷却液沸点。散热器开关具有压力阀和真空阀，可自动调节冷却系内部压力，提高冷却效果。在发动机热态正常时，压力阀和真空阀关闭，将冷却液与大气隔开。如图 6-33 所示，散热器开关上有开启压力提示，一般散热器压力大于 126~140kPa 时压力阀打开，冷却液从溢流管流出，防止水管胀破。当发动机熄火，散热器压力低于大气压力 10~20kPa 时，真空阀打开使膨胀水箱中的冷却液流回散热器内或者使空气从通气孔进入冷却系统，以防散热器及芯管被大气压瘪。

在冷却系统高温时，观察冷却液是否从散热器开关溢出，如果有溢出则需要检查散热器

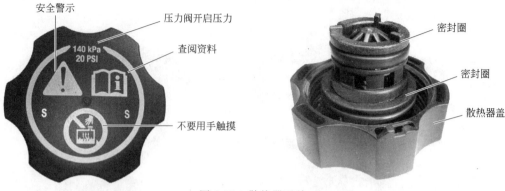

图 6-33 散热器开关

开关的好坏。检查散热器开关时,等待冷却系统基本冷却,才能拆下散热器开关,并清洁散热器开关密封处。拆卸散热器开关时,发动机必须熄火,用湿抹布包住散热器开关,先旋松散热器盖45°左右,进行泄压再缓慢旋下。

选择合适的适配器将散热器开关连接测漏仪。如图 6-34 所示,加压 100kPa(约为1bar)左右,观察压力表至少 10s 内无下降,否则说明散热器盖存在泄漏。加压到 140kPa,观察压力表迅速下降,否则说明散热器盖压力阀不正常。按下卸压阀进行卸压,将压力检漏仪加压几次,以便排出残留之水,然后收回。

(2) 检查冷却液的液位

冷却液如果不足,定会影响散热器的散热效果,为此需要检查冷却液是否足够。检查冷却液通常是在膨胀水箱(也称为副水箱,或小水箱)上进行。膨胀水箱可以吸收和补偿发动机冷却系统工作时的冷却液和水气。如图 6-35 所示,膨胀水箱上有上限标线(max)和下限标线(min),添加或检查冷却液液位时,冷却液液位应位于两个标线之间。不能混用不同品牌的冷却液。

图 6-34 检查散热器开关

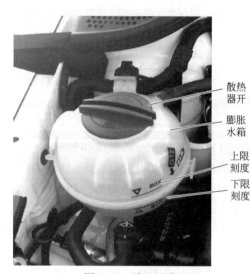

图 6-35 检查液位

(3) 散热器的原理和检查

冷却液除了作为冷却介质以外，还可以防止零部件生锈，抑制泡沫，减少水垢的形成，提高沸点等。目前常用的冷却液主要是乙二醇型，冷却液不能混用或者使用不合格的产品，否则容易腐蚀冷却系统部件或堵塞散热器。

散热器也叫水箱，一般都安装在汽车前方，它可以增大散热面积，加速冷却液的冷却。散热器由上水室、散热器芯和下水室组成，如图 6-36 所示。散热器水管和散热片多用铝材制成，铝制水管做成扁平形状，散热片做成波纹状，注重散热的性能。有的散热器底部有防水塞，方便排放冷却液。

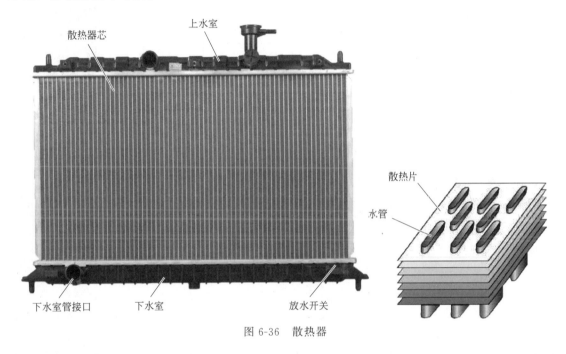

图 6-36 散热器

检查散热器有无漏水，检查散热片有无变形损坏，有没有泥沙等污物堵塞。观察冷却液是否脏污，如果冷却液脏污可能会引起散热器内部堵塞，需要使用专用清洗剂清洗。

6.3.4 冷却风扇导致高温的原因

冷却风扇转动无力或转速太低会导致散热不良。风扇装在散热器后面，它将空气吸入，空气经过散热器，改善低速和怠速时的冷却效果。目前常用的风扇为电动风扇，通常由电动机、风扇、风扇架等组成。电动风扇的运转通常受冷却液温控开关的控制，例如，当冷却液温度高于设定的温度（如 92～97℃）时，温控开关接通风扇电动机的低速挡，当冷却液温度升高至更高设定值时（如 99～105℃）时，温控开关接通风扇电动机的高速挡，当冷却液温度降到设定的温度（如 84～91℃）时，温控开关切断电源，风扇停止工作。

卡罗拉 1ZR 发动机风扇电路如图 6-37 所示，当风扇不运转时，可以按如下步骤检查。

① 断开 ECU 连接器，将点火开关置于 ON 位置，风扇应该工作，如果风扇运转，说明 ECU 存在故障，需要更换 ECU，如果风扇不运转需要进行下一步检查。

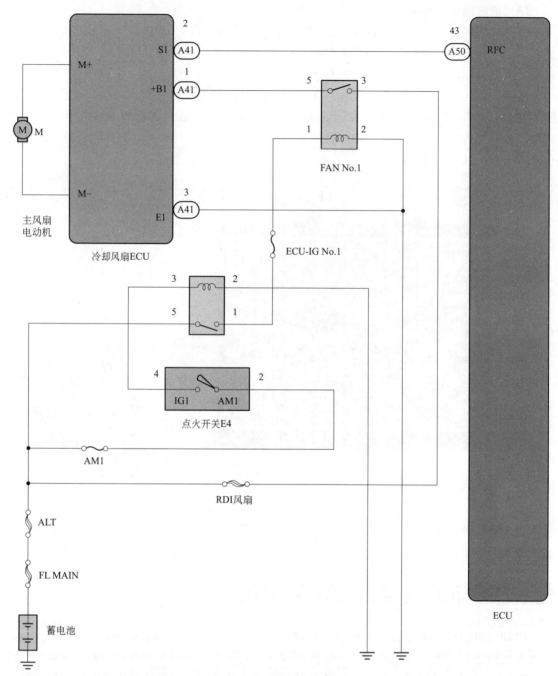

图 6-37 风扇电路的检修

② 检查 ECU 和冷却风扇 ECU 之间的线束和连接器，测量其阻值应小于 1Ω。

③ 将风扇连接器端子 2、1 分别连接蓄电池正极、负极，风扇应工作。

④ 将点火开关置于 ON 位置，测量+B1 和 E1 之间的电压应为 12V 左右，若电压正常，则更换冷却风扇 ECU；当+B1 和 E1 之间的电压不正常，依次检查相关继电器、保险丝、连接器、线束及搭铁。

维修案例1

一辆奔驰E级轿车发动机启动后电子扇一直高速旋转,水温报警灯点亮,空调不制冷。检查发动机水温表指示水温在90℃左右,冷却液液位正常,读取故障码为U12187——与控制单元风扇的通信存在功能故障,U121D87——与部件冷却液泵的通信存在功能故障。两个故障都是通信故障,查询电路发现风扇和冷却液泵在同一LIN总线上,断开风扇和冷却液泵的LIN总线测量其电压为2.8V,对LIN总线进行电阻检测,发现LIN总线的一处接头出现氧化,对其进行处理后,故障排除。

案例解读

LIN总线和普通导线一样不能有接触不良的情况,导线接头在刚连接的时候往往是正常的,但是使用久了以后,随着线束的晃动和导线的氧化,导线便出现了接触不良的情况。

维修案例2

一辆宝马520Li轿车冷却风扇一直在高速运转。检测发动机控制单元,没有发现故障码。利用故障诊断仪的特殊功能控制冷却风扇运转,风扇转速可以正常调节,说明其控制执行部分没有问题。观察冷却液温度,正常,而且通过温度的变化可以看到在发动机升温过程中节温器能正常打开。观察空调控制单元的数据流,发现即使是关闭空调,高压传感器的数据仍然是2.15MPa,显然这正是导致风扇高速运转的直接原因。检查发现制冷剂压力传感器的线束已经磨破与车身接触,将其修复后,故障排除。

案例解读

很多汽车的冷却风扇是发动机和空调系统共用控制,所以冷却风扇一直运转,需要检查发动机和空调两个部分。

第 7 章

发动机综合故障诊断和排除

发动机常见的故障包括启动不了、怠速不稳以及加速不良等。每一个故障除了主要的故障现象以外，还有其他的故障现象，要综合一起来考虑。随着故障现象的差异、车型的变化，也随着技术的进步，虽然排除这些故障没有固定步骤，但是收集不同类型的故障，有利于积累维修经验，也有利于故障诊断思维的养成。

7.1 发动机为什么产生启动故障?

发动机起动故障可以分为发动机启动困难和发动机启动不了的故障。发动机启动故障的原因有很多,包括汽车防盗系统故障、汽车启动系统故障、汽车蓄电池存电不足故障等。通常观察发动机防盗指示灯可以判断是否属于防盗系统故障,通过测量启动时蓄电池电压降(最好不低于10.5V)可以判断蓄电池是否存电不足,通过听起动机运转时声音和观察发动机转速,可以判断启动系统是否有故障。这里仅仅分析和举例发动机自身故障。

7.1.1 发动机启动困难的故障分析

发动机启动困难是指多次启动才能着车,或是需要踩下油门踏板等才能启动的情况。发动机启动困难包括:冷车启动困难,热车启动困难,冷、热车都启动困难。冷车是指发动机水温低于正常温度(通常为85℃左右),冷车启动困难的原因是混合气过稀或点火能量偏低。

(1)冷车启动困难具体原因
① 残余燃油压力过低;
② 进气系统密封不良,漏气;
③ 喷油器喷油雾化不良;
④ 水温传感器或进气温度传感器故障;
⑤ 燃烧室积炭过多;
⑥ 火花塞或点火线圈等故障使点火能量不足;
⑦ 炭罐电磁阀卡滞在开启部位;
⑧ 曲轴箱通风阀卡滞在开启较大部位;
⑨ 空气流量传感器信号过低;
⑩ 节气门体等处积炭过多等。

一辆大众宝来1.4L轿车,热车时每次启动,发动机刚起动然后又熄火。首先检查点火高压电并测量燃油压力,均正常。读取故障码,出现"混合气过浓的故障"的故障信息。发动机数据流中表示氧传感器在-20%~-10%之间调节,这说明混合气过浓。根据维修经验,预估原因为喷油器滴漏或缸内积炭过多或配气正时错误等。在测量燃油压力时,保压后的压力正常,表明喷油器不可能存在滴漏故障。做了免拆清洗,故障依旧。检查缸压分析3缸缸压有时为0,有时为1bar或2bar,拆下气门室罩盖与凸轮轴后发现3缸进气门弹簧断裂。更换3缸气门之后,启动发动机,故障彻底解除。

> **案例解读**

热车时气缸由于气门弹簧折断密封不严,导致着车后又熄火。由于 3 缸燃烧不好,部分混合气在排气管路中燃烧消耗了一部分氧气,使得排气管路中氧气不足,氧传感器就将此情况传给电控单元 ECU,电控单元 ECU 判断混合气过浓,就将混合气调稀,这样又导致 1、2、4 缸工作不好,所以出现熄火的现象。

(2) 热车启动困难

热车启动困难是指冷车启动正常,热车启动困难,甚至不能启动。热车启动困难的原因如下。

① 混合气过浓;
② 燃油管路产生了气阻;
③ 部分喷油器漏油或严重雾化不良;
④ 进气歧管绝对压力传感器软管堵塞;
⑤ 冷却液温度传感器、进气温度传感器等故障;
⑥ 燃油蒸气回收系统故障。

(3) 冷、热车都启动困难

冷车和热车均启动困难,发动机需要多次启动,甚至启动十几次,才能启动。冷、热车启动困难的故障原因也可能导致车辆自动熄火。

① 缸压不足;
② 进气系统严重密封不良;
③ 活塞环密封不良;
④ 进气门积炭过多或排气门烧蚀而导致密封不良;
⑤ 烧机油;
⑥ 点火正时或喷油正时不当;
⑦ 空气滤清器堵塞;
⑧ 排气管路中三元催化转化器堵塞或消声器内部堵塞;
⑨ 冷却液温度传感器故障;
⑩ 曲轴位置传感器信号不稳定;
⑪ 电动燃油泵或喷油器严重漏油等故障导致燃油压力过低;
⑫ 点火模块、点火线圈等故障导致点火不稳定;
⑬ 电控单元 ECU 故障。

7.1.2 发动机启动不了的故障分析

发动机不能启动,有些故障有启动迹象,有些故障没有启动迹象,所谓启动迹象是指发动机气缸内有燃烧,排气管有废气排出等现象。发动机不能启动,主要原因包括以下方面。

① 点火系统不点火、点火正时失准;

② 喷油器不工作或工作异常；
③ 燃油压力低，使喷油压力过低；
④ 喷油器堵塞或漏油；
⑤ ECU 喷油控制指令异常；
⑥ 燃油泵不工作；
⑦ 进气系统严重漏气；
⑧ 气缸压力过低；
⑨ 三元催化转化器堵塞；
⑩ 正时带过松或断裂，发生跳齿故障后其他原因导致正时错误；
⑪ 曲轴位置传感器故障或其他因素导致曲轴位置传感器信号异常；
⑫ 进气流量传感器或进气歧管压力传感器故障；
⑬ ECU 有故障；等等。

一台捷达行驶中有时有自动熄火现象，熄火时非常突然，因此排除油路故障的可能性，估计故障原因包括点火电路、曲轴位置传感器信号、电控单元故障等。断电后检查点火电路供电电源线 15+，发现电压为 0.1V，不正常，15+ 是受点火开关控制的，检查点火开关存在故障，将其更换后故障排除。

 案例解读

点火开关内部有故障后，电源只能输入，不能输出，点火系统以及发动机 ECU 的电源电路都不正常，发动机不点火，也不会喷油，所以发动机突然熄火。

7.2 发动机为什么怠速不稳？

7.2.1 怠速过高的故障分析

如图 7-1 所示，发动机怠速控制系统包括节气门位置传感器、转速传感器、冷却液温度传感器、AC 开关、发动机电控单元 ECU、节气门电机等。发动机节气门位置传感器将节气门阀片所在的位置用电信号传输给电控单元，电控单元根据此信号判断发动机是否处于怠速工况，然后根据冷却液温度、AC 开关状态等信号控制节气门电机将节气门阀片调整到合适的开度。

怠速过高主要是指发动机在冷却液温度正常以后，怠速高于规定转速，轿车规定怠速转速通常为 750±50r/min，怠速过高的主要原因包括以下方面。

① 节气门卡滞，导致节气门关闭不严；
② 节气门电机故障；
③ 水温传感器故障；

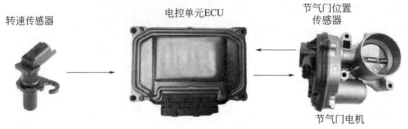

图 7-1 怠速控制系统

④ 空调开关故障；

⑤ 发电机充电电压过低异常；

⑥ 曲轴箱强制通风阀故障；

⑦ 进气系统漏气；等等。

发动机电控单元 ECU 根据发电机的信号对发动机怠速进行调整，如果发电机发电量过低，发动机电控单元会提高发动机转速。当发电机和 ECU 之间电路出现故障时，ECU 也会提高发动机转速，检修时可以参考图 7-2 所示电路。

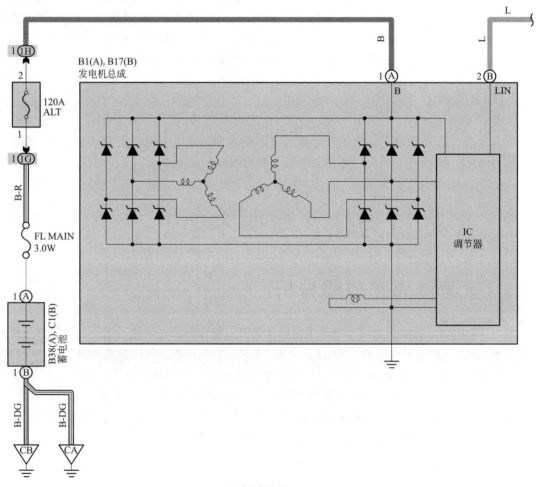

(a) 发电机电路1

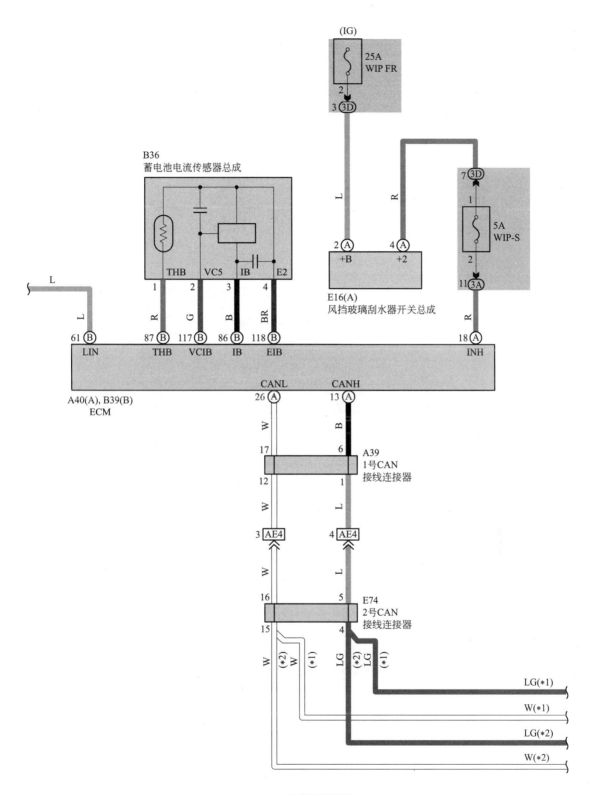

(b) 发电机电路2

图 7-2

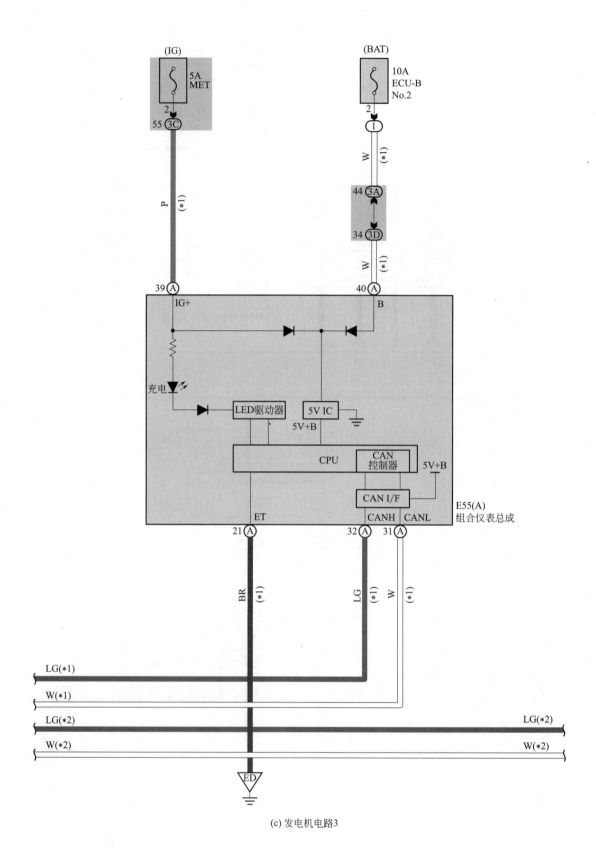

(c) 发电机电路3

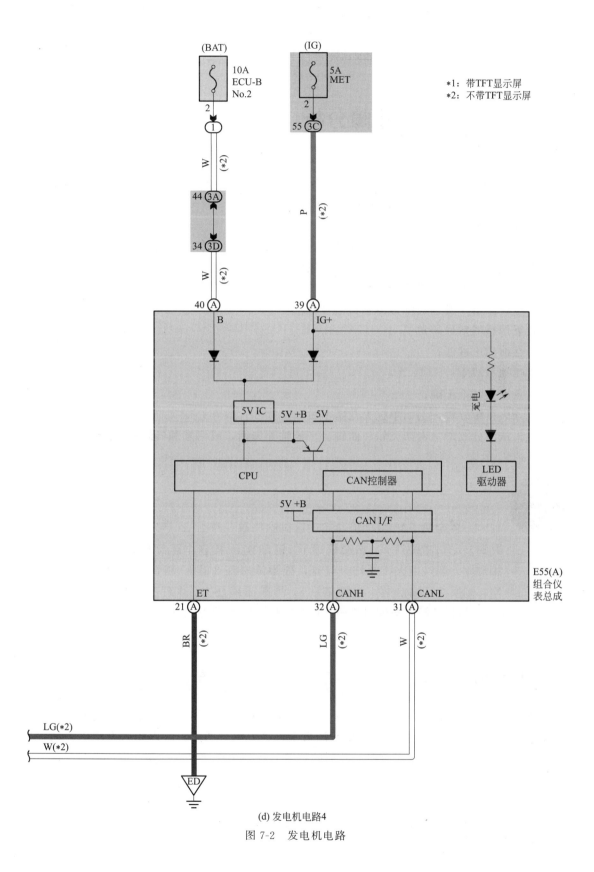

(d) 发电机电路4

图 7-2 发电机电路

图 7-2(a) 中发电机通过 LIN 端子蓝色的线连接发动机电控单元 ECM，图 7-2(b) 中发动机电控单元 ECM 通过 CAN L 和 CAN H 线连接电路图 7-2(c) 或电路图 7-2(d) 中的组合仪表。

7.2.2 怠速过低的故障分析

怠速过低的故障现象是发动机可正常启动，但怠速过低，发抖，甚至熄火。怠速过低是非常复杂的故障，排除怠速过低的故障需要多收集发动机其他故障现象，综合考虑，抓住切入点才能迅速地排除故障。怠速过低的主要原因如下。

① 节气门电机有故障；
② 有的旧车型发动机上有怠速控制阀，它有故障也会使怠速过低；
③ 进气管道，尤其是节气门体内积炭或污物较多，使进气不畅；
④ 节气门位置传感器信号异常；
⑤ 空气流量计或进气压力传感器信号异常；
⑥ 氧传感器信号异常；
⑦ 燃油油压过低；
⑧ 喷油器故障；
⑨ 点火正时不正确；
⑩ 点火系统故障，例如单缸火花塞不跳火；
⑪ 机械部分故障，例如飞轮、曲轴、平衡轴等失衡，或活塞和气缸间隙过小等；
⑫ ECU 故障；等等。

一辆宝马 F46 发动机冷启动后抖动严重，约 1min 后发动机抖动更加明显，此时发动机故障灯亮，故障码提示 1 缸缺火。检查 1 缸点火线圈电路，没有断路和短路，调换点火线圈和火花塞，故障依然在 1 缸。检查 1 缸喷油器电路，正常，调换 1 缸喷油器，故障依旧。测量压缩压力，1 缸的缸压偏低 0.5bar 左右。拆检 1 缸，发现其排气门断裂，估计排气门关闭不严，造成缸压下降，更换排气门，故障排除。

案例解读

刚启动时，1 缸还可以勉强工作，但 1 分钟后，1 缸的工作越来越糟，做功不良，导致发动机抖动，此时电控单元 ECU 发出断油指令，进入保护状态，所以此时发动机抖动更加明显。气门弹簧断裂两节或多节后，断裂的弹簧其状态不稳定，有的相互嵌入有时又能有部分弹力，所导致的故障现象也是不稳定。

怠速还会出现忽高忽低的情况，怠速忽高忽低也称为怠速游车。怠速忽高忽低是指发动机在怠速时转速变化在 100r/min 以上，是一种有规律的怠速转速忽高忽低的故障。怠速忽高忽低原因包括：发动机缺缸、正时带错位、氧传感器自适应值严重超标、进气压力传感器真空软管堵塞、发动机进气系统内漏或外漏等。

怠速转速偏离正常值，控制单元根据氧传感器反馈的信号不断调节节气门的开度，使怠速转速回到正常值。回到正常怠速的瞬间，系统退出控制，怠速转速再次偏离额定转速，控制单元再次进行调节，于是就出现有规律的转速忽高忽低的故障。

一辆宝马 116i 发动机怠速剧烈抖动，车辆加速无力，读取故障码，发现第 2 缸不工作，故障码提示 2 缸喷油器不工作。将喷油器调换以后，故障依旧。检查 2 缸气缸压力和其他气缸基本相同，调换点火模块组件及火花塞，没有发现故障原因。检查 2 缸喷油器波形，只在刚启动时有很短暂的波形。怀疑 2 缸配气正时有故障，断开进气 VANOS 电磁阀（可变正时控制电磁阀）发动机运转马上有很大的好转，检查到第 2 缸进气门机构底座的一个螺栓周围随着凸轮轴的转动有机油不断冒出，这会导致 2 缸进气门间隙补偿器压力不足，将此螺栓拧紧后故障排除。

案例解读

发动机机体在制造的时候需要加工很多孔或机油道，加工完以后需要密封，所以需要使用螺栓或堵头来密封，在发动机检修和拆装过程需要注意这些螺栓或堵头有没有松动。此案例中，机油被提前泄压了，但不足以引起机油压力报警灯报警，但对气门间隙补偿器有很多影响，最终导致气门间隙大，进气不足，单缸工作不好，所以发动机出现剧烈抖动。

7.3 发动机为什么加速不良？

7.3.1 发动机加速迟缓的故障分析

发动机加速不良故障现象是指发动机在油门由低速缓慢加速到高速时，工作完全正常，但在急加速时，发动机转速变化缓慢，甚至有时有喘气或回火现象。发动机加速不良要区别汽车加速不良，在发动机加速良好的情况下，车辆可能由于离合器、自动变速器或其他原因使发动机动力无法正常输出，导致车辆加速不良。将变速器置于空挡，观察发动机原地加速情况，在车辆加速时观察发动机转速表情况等来判断是发动机加速不良，还是其他原因导致车辆加速不良。

发动机加速不良故障包括加速迟缓（也称为加速无力）、加速抖动等故障类型，加速迟缓主要原因是发动机气缸内做功产生的功率不足，具体包括以下方面。

① 进气系统存在漏气故障；
② 燃油供给系统供油压力过低；

③ 点火电压过低；

④ 点火时间过早或过迟；

⑤ 气缸压力过低或气门间隙过小；

⑥ 节气门位置传感器提供的信号失常；

⑦ 可变气门正时系统故障；

⑧ 涡轮增压控制系统故障；

⑨ 排气系统堵塞或排气门积炭严重，使排气不畅；

⑩ 空气流量计、进气歧管绝对压力传感器、节气门位置传感器等信号失常，导致喷油量不增加或增加量少；

⑪ ECU 故障；等等。

一辆大众迈腾轿车行驶中 ESP 和 ASR 指示灯点亮，发动机怠速平稳，车辆无法加速，挡位转换时冲击非常大。读取故障码为空气流量计信号不可靠，检查空气流量计和相关线路，检查空气滤芯，等未发现异常。怀疑发动机进气管漏气，急加速时听到"嘶嘶"的漏气声，检查漏气声来自节气门体与增压空气冷却器之间的软管连接处，拆检发现密封圈损坏漏气。将其更换后，故障排除。发动机急加速时，压效果增强，漏气明显。

案例解读

ESP 的正常工作前提之一是发动机没有与负荷有关故障（例如空气流量计、节气门等）。因为发动机控制单元存储负荷相关故障码，制动系统控制单元便点亮 ESP 和 ASR 指示灯，并存储相应故障代码。

一辆福特翼虎发动机出现怠速不稳，加速无力的现象。读取故障码 P0016——曲轴位置、凸轮轴位置相互关系，第一排传感器 A，P0300——发动机随机缺火。读取怠速时数据流，进气凸轮轴实际位置为-49.68°，而电控单元期望的进气凸轮轴正时位置角度为 0°。综合 2 个故障代码及数据流分析 VCT 电磁阀故障可能性大，检查进气 VCT 电磁阀电路无故障，给其直接施加蓄电池电压发现电磁阀卡滞。更换该 VCT 进气电磁阀后，故障排除。

案例解读

发动机启动后，由于进气 VCT 电磁阀卡滞在提前位置，进气凸轮便提前了 49.68°。此时，进、排气气门重叠角过大，部分废气重新进入气缸，造成发动机燃烧不良，出现缺火及抖动现象。

维修案例

一辆途观 1.8T 汽车行驶中 EPC 灯亮，发动机加速不良。故障代码 12398 的含义是发动机存在早燃现象，通常是指火花塞未点火之前，缸内混合汽自行燃烧的现象。如果发动机 ECU 识别到有早燃现象，出于安全考虑会限制发动机的动力输出，所以 EPC 灯亮。清理发动机积炭，更换燃油后，故障排除。

案例解读

燃油品质不良会使发动机燃烧时产生过多的积炭，气缸内积炭多了就会造成以下影响。发动机燃烧室容积减小，气缸压力过大，容易产生爆震；积炭散热不良，容易形成炽热点，炽热点过早地点燃混合气，也容易产生爆震。

7.3.2 发动机加速出现抖动的故障分析

发动机加速迟缓时，可能出现发动机抖动，发动机加速有力，有时也会出现抖动，出现偶尔"颤抖"的情况。发动机加速迟缓时的抖动可以依据加速迟缓的故障来排除，这里探讨发动机加速有力时出现抖动的原因。

① 曲轴位置传感器信号偶尔出现异常；
② 点火系统故障导致偶尔失火；
③ 涡轮增压系统故障导致增压偶尔异常；
④ 三元催化转化器堵塞；
⑤ 自动变速器故障；
⑥ 燃油蒸气回收系统故障；
⑦ 曲轴箱通风阀发卡；
⑧ 燃油泵电路或其他原因导致油压不稳定；
⑨ 进、排气门关闭不严；
⑩ 发动机 ECU 故障；等等。

维修案例

一辆斯柯达明锐轿车发动机加速时出现耸动。发现无故障代码，急踩油门时读数据流，高压油泵压力 4.0MPa，低压油泵压力 0.3MPa，空气流量在 0.0～3.5g/s 变化，喷油脉宽在 0.70～1.50ms 间变化，转速会在 600～1200r/min 间变化。检查进气管没有漏气的情况。对执行器进行测试，未发现异常。检查火花塞跳火能力，正常。推断故障原因为某个传感器数据突变，导致其他传感器出现一系列联锁反应，向 ECU 输出错误数据，造成 ECU 对喷油脉宽的控制错误。曲轴位置传感器对发动机加速性能影响最大，检查发现曲轴位置传感器电阻比标准值偏低，机油脏污，推断发动机润滑性能差，引起曲轴位置传感器常处于温度较高的情况下工作，更换机油及曲轴位置传感器后故障排除。

 案例解读

车辆在行驶中出现加速耸动，最好让车辆在行驶中观察数据流的变化。故障案例中曲轴位置传感器因长期在高温中工作出现了性能衰退，如果不及时维修，到后期发动机会出现无法启动的情况。

 维修案例

一辆雪佛兰景程轿车发动机超过 2000r/min 以上时，车辆就会出现一冲一顿的故障。未发现故障代码，读取燃油系统油压也正常。车辆在原地加速时，发动机会传来"呜呜"的闷响，从排气歧管处拆开发动机排气总管，发动机加速正常。拆下三元催化转化器，观察到大量的废气颗粒堵住了排气口。将三元催化转化器更换后，故障排除。

 案例解读

三元催化转化器堵塞是有一个过程，可能早期影响汽车高速行驶，但车辆很少上高速或驾驶人没有感觉到。更换三元催化转化器要考虑三元催化转化器使用的行驶里程，如果三元催化转化器使用年限较短，应找出致使其损坏的原因。

7.4 发动机故障是怎么形成的？

7.4.1 发动机机械部分故障机理

（1）漏机油为什么会引起失火？
如果机油从气门油封进入气缸，机油可能会沿燃烧室内壁流到火花塞上，机油在火花塞上和其他燃烧残余物形成积炭，使火花塞不点火或点火能量不足。

（2）曲轴"带轮"怎么会引起发电机发电量不足，空调效果不佳等故障？
为了消减曲轴的扭转振动，现在发动机大多在扭转振幅最大的曲轴前端安装扭转减振器，如图 7-3 所示。曲轴减振器就是在带轮的轮毂和带轮之间有橡胶、摩擦环等衰减材料，如果减振装置坏了，曲轴带轮不转动或转速小于发动机曲轴的转速，所以通过带轮带动的空调压缩机、发电机等都受到影响，所以引起了发电量不足、空调效果不佳等故障。

（3）单个活塞气环卡死，会有什么故障现象？
活塞气环卡死，进气冲程时形成的真空不足，进气量就不足；压缩冲程和做功冲程时，混合气体会往下漏进曲轴箱；曲轴箱内的废气通过通风阀会加热进气温度传感器，进而影响

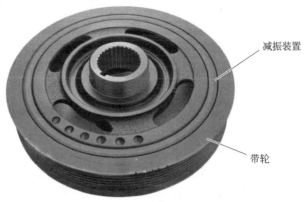

图 7-3 曲轴扭转减振器

混合气浓度，等等。

（4）发动机运转阻力大对发动机有何影响？

发动机活塞与气缸间隙过小、曲轴和曲轴轴承间隙过小、机油润滑性能差等原因造成发动机运转阻力大，使得发动机负荷大，电控单元可能会加浓混合气，发动机长时间燃烧较浓的混合气，产生的废气多，增加了三元催化转化器的负担，可能造成三元催化转化器堵塞或损坏。

7.4.2 发动机润滑系统和冷却系统故障机理

（1）机油尺未插到位为什么引起怠速抖动？

上述故障通常比较少见，但由于机油尺未插到位，会造成偶发性漏气，使曲轴箱内压力不稳定，通过曲轴箱通风阀的混合气流量不稳定，进而造成混合气失调，所以引起发动机怠速时抖动。

（2）为什么机油越来越"多"？

应该是冷却液进入了润滑系统，此时机油的颜色可能变成乳白色，机油的气味也会改变；或者机油尺"越插越下"，机油量没有可变，只是在机油尺上看越来越多了。

（3）为什么机油少了，看不到哪里漏？

机油量少了，除了渗漏的原因，还有可能是燃烧掉了。机油燃烧的量大会冒蓝烟，但是如果机油燃烧的量不大可能不冒蓝烟或用眼睛观察不出来。

（4）为什么机油压力控制电磁阀故障，发动机动力降低？

在可变排量机油泵上安装了机油压力控制电磁阀，虽然它只是一个油泵排量控制装置，但是如果机油流量不足，会造成可变气门正时控制系统工作不良，影响发动机性能。如果设置了机油压力控制电磁阀相关故障，系统会提示发动机动力降低。

（5）判断活塞环漏气的方法

活塞环漏气会发出异响，利用机油密封性能改善密封状况，向气缸内注入一点点润滑油，若声音降低或消失，但不久又出现，即说明活塞环漏气。

（6）判断活塞环折断的方法

利用诊断仪断缸指令，或是启动前拆下某缸的喷油器插头，启动发动机进行单缸断火试验,声响减小,但不消失,把螺丝刀放在火花塞或喷油嘴上听察,如发出"啪、啪"声响可确定为活塞环折断。

(7) 发动机混合气稀为什么也可能会爆震?

混合气过稀,燃烧过程长,其产生的能量转化为推动曲轴的机械能较正常少,而产生的通过气缸壁散发的热能较正常多,所以发动机温度较正常高。高温时,混合气在压缩时还没到达设计的点火点就由于温度过高而自燃,燃烧产生的推力与气缸运动的方向相反,导致发动机振动。

(8) 发动机油耗高,为什么有时不是发动机的故障?

自动变速器等故障会影响发动机油耗,使发动机油耗高。不仅仅是自动变速器,轮胎气压不足,底盘传动系统润滑不良都会引起发动机油耗高。只有车辆与行驶相关的系统或元件工作正常,发动机的耗油才正常。

不仅仅是发动机油耗高的故障,发动机启动故障也和防盗、自动变速器等相关,所以有的发动机故障,只是故障现象表现在发动机启动或耗油等性能上,但其实故障真正的原因不在发动机。

(9) 冷却系统偶尔高温对发动机有何影响?

冷却系统偶尔高温,除了高温引起发动机机械元件的热膨胀外,还会引起发动机爆震,发动机推迟点火,燃烧不良。

7.4.3 发动机电控部分故障机理

(1) 曲轴止推轴承磨损,为什么引起发动机启动不了?

如图 7-4 所示,曲轴止推轴承(也称为止推片、止推瓦)有分离式和整体式两种。曲轴止推轴承磨损后,曲轴窜动大,引起曲轴位置传感器信号环和曲轴位置传感器本体之间的间隙大,曲轴位置传感器信号异常,所以发动机启动不了。

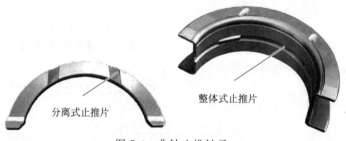

图 7-4 曲轴止推轴承

(2) 曲轴位置传感器在什么情况下容易受电磁干扰?

曲轴位置传感器受到电磁干扰后,信号不稳定,会导致发动机熄火或加速不良。曲轴位置传感器屏蔽线接触不好,使用不合格内阻过小的火花塞,发电机产生高压过高,经过电磁干扰特别大的地方,等情况下,曲轴位置传感器都容易受到干扰。

(3) 燃油泵会为什么会引起加速不良?

燃油泵内部随着使用磨损越来越严重,直到最后发生损坏。在燃油泵受到磨损后,可能会发生故障或偶发故障,在低速时供油正常,在高速时发生供油不足或偶发性供油不足。

(4) 燃油泵正常，油箱中有油，为什么燃油泵吸不上油？

有的轿车采用马鞍形燃油箱，所谓"马鞍形"就是中间小，但位置比较高，两边位置比较低，这种油箱是利用虹吸原理连接成一体，如果燃油箱两部分之间的管路有损坏，也会导致油压过低故障。

(5) 使用劣质燃油会产生什么故障现象？

劣质燃油包括含水的燃油、抗爆性能差的燃油及燃油品质不良多种情况。使用了劣质燃油的现象如下：发动机动力不足，怠速抖，加速不畅；废气含量多，机油容易被污染，发动机润滑条件变差，发动机噪声明显；点火提前角被推迟；混合气燃烧后氧含量增加，发动机电控单元 ECU 误认为混合气过稀，会加浓混合气。

(6) 发动机爆震传感器是好的，燃油也正常，为什么发动机电控单元还是一直提示有爆震？

发动机爆震传感器接收的是敲击信号，所有气缸内爆震或者其他的敲击都会被爆震传感器当成爆震信号传至 ECU。例如，活塞与气缸的间隙过大产生了敲缸，也会被当成爆震。

(7) 通过观察火花塞，怎么辅助判断故障？

拆卸火花塞，观察火花塞的状态，正常为暗红色。以下状态，说明存在故障：火花塞打湿，说明火花塞未跳火或漏汽油、漏机油等；火花塞严重积炭，说明混合气过浓、发动机做功不好、发动机冷却液温度过低、机油进入气缸等；火花塞绝缘体上有黑色暗纹（如图 7-5 所示），说明火花塞漏电；火花塞是黑色，混合气过浓；火花塞是白色，混合气过稀；等等。

图 7-5　漏电的火花塞

7.4.4　发动机故障诊断方法

(1) 什么是缩小故障范围的维修思路？

先分析故障现象，将故障范围缩小到一定范围，根据故障产生的概率或一定的逻辑，对故障范围进行一一排除。例如，发动机启动不了时，测量气缸压力，如果气缸压力正常，则基本可以排除机械故障。

(2) 什么是故障现象与诊断信息结合的维修思路？

将以下信息综合在一起，思考故障最有可能的原因，然后进行故障的检查和排除。这些信息包括：驾驶人反馈的故障现象，维修人员根据故障确认的信号，车辆的维修记录，维修人员诊断的故障代码、数据流、警告灯等信息。

例如，喷油器漏油故障，驾驶人反馈的信息可能是发动机热车启动困难。维修人员确认热车启动困难，但踩下油门踏板发动机可以启动，车辆已经行驶 10 万公里（喷油器存在堵塞的可能性比较大），故障代码提示混合气过浓，数据流氧传感器电压高达0.7V，等等。

(3) 什么是找故障共同原因的维修思路？

常见多个故障现象是相同的故障原因引起的，例如，发动机漏机油，既会引起发动机机油压力报警灯报警，也会有漏机油的油渍痕迹。

(4) 为什么要分析故障状态下相关信息？

发动机的故障有时出现在某个工况或某个时间，只有分析故障状态下的信息才能有效地排除故障。例如，发动机在热机状态无法启动，冷机发动机能正常启动，冷机状态发动机相关数据基本上是正常，此时为排除故障而分析冷态时的数据无疑是无用的。

(5) 利用尾气分析仪怎么检查废气进入冷却系统？

当怀疑气缸垫损坏等其他原因"冲缸"了，尾气进入冷却系统，可以打开冷却液储液罐盖，启动发动机，将尾气分析仪的探头放入冷却液罐中（探头距离冷却液液面约10mm），急踩几下加速踏板，仪器显示发生明显变化，说明气缸垫漏气。

(6) 怎样利用真空表测量进气歧管真空度来判断故障？

发动机怠速运转时，一般发动机的真空度在57～71kPa范围内，当迅速开启并立即关闭节气门时，指针随之在6～85kPa范围内摆动，则表明进气系统密封性良好。使用诊断仪读出的进气压力通常是绝对压力，和如图7-6所示的真空表不同，真空度和绝对压力之和为大气压力。例如，真空度为70kPa，大气压力约为100kPa，对应的绝对压力为30kPa。

节气门后的真空管路漏气时，真空表读数低于标准，但会比较稳定，一般在50kPa以下；但如果是单缸的气缸垫漏气，真空表读数较低，且指针在17～64kPa之间大幅度摆动。

图7-6 真空表

参 考 文 献

[1] 谢伟钢，毛芬花.汽车发动机维修难点解析［M］.北京：机械工业出版社，2015.
[2] 谢伟钢，陈伟来.彩色图解汽车构造与原理［M］.北京：机械工业出版社，2017.
[3] 瑞佩尔.汽车数据流分析从入门到精通［M］.北京：化学工业出版社，2020.
[4] 周晓飞.攻关精练汽修技术1000项［M］.北京：机械工业出版社，2015.
[5] 李明诚.汽车电器维修技术与经验集锦［M］.北京：机械工业出版社，2015.
[6] 顾惠烽.汽车常见故障：识别·检测·诊断·分析·排除［M］.北京：化学工业出版社，2019.
[7] 曹晶，顾惠烽.汽车故障诊断手册［M］.北京：化学工业出版社，2020.